DANSER SUR UN TIMBRE

La Vérité Sur Notre Existence et le but de Notre Voyage

de
Garnet M. Schulhauser

Traduit par Sonia Bigué

Pour obtenir une autorisation, une sérialisation, une condensation, les adaptations ou pour notre catalogue d'autres publications, écrivez à Ozark Mountain Publishing, Inc., P.O. Box 754, Huntsville, AR 72740, ATTN: Permissions Department.

Library of Congress Cataloging-in-Publication Data
Schulhauser, Garnet, 1951 -
Dancing on a Stamp by Garnet Schulhauser
    Une rencontre fortuite avec un sans-abri marque le début de conversations instructives et introspectives avec le Guide Spirituel de Garnet, qui répond à toutes les questions pointues que nous nous posons sur la vie sur Terre et l'Après-Vie.

1. Guides Spirituels 2. Réincarnation 3. Vie Après la Mort 4. Religion
I. Schulhauser, Garnet, 1951 – II. Réincarnation III. Métaphysique IV Titre
Library of Congress Catalog Card Number: 2023935444
ISBN: 978-1-956945-65-2

Couverture: www.enki3d.com & Travis Garrison
Ensemble du livre: Times New Roman
Conception du livre : Nancy Vernon
Traduction : Sonia Bigué
Published by:

PO Box 754, Huntsville, AR 72740
800-935-0045 or 479-738-2348 fax: 479-738-2448
WWW.OZARKMT.COM
Printed in the United States of America

Dédicace

À Cathy, Blake, Lauren, et Colin.

Remerciements

Il y a de nombreuses personnes que je souhaite remercier pour leurs contributions à l'écriture et à la publication de Danser sur un Timbre. J'ai sincèrement apprécié tous les conseils, les encouragements et les idées que j'ai reçus au cours de cette réalisation.

Tout d'abord, je remercie Ozark Mountain Publishing, Inc. pour la publication de mon livre ainsi que pour les conseils avisés et l'aide qu'ils m'ont fournis tout au long de cette aventure. Merci à IteRa Clehouse pour la relecture minutieuse et bienveillante de mon manuscrit.

Je souhaite témoigner ma gratitude à Ron et Pat Smith pour leurs remarques sur mon ouvrage et leurs sages conseils pour cheminer à travers le labyrinthe énigmatique du monde de l'édition ; à Ivy Young pour sa relecture soignée, son aide et ses encouragements souvent nécessaires ; à Dorothy Ellan pour sa perspicacité et ses conseils à des moments cruciaux de ce projet ; et à notre schnauzer naine, Abby, qui illustre sans cesse la magie de l'amour inconditionnel.

Je remercie tout particulièrement mes fils, Blake et Colin, et ma belle-fille, Lauren, pour tout leur amour et leur soutien.

Et pour finir, mais pas des moindres, du fond du cœur, mes sincères remerciements à ma femme, Cathy, pour son amour, son soutien, ses conseils et sa présence sans failles au fil des années, particulièrement pendant les périodes où j'étais démoralisé et avais besoin d'être encouragé.

Sommaire

Introduction

En 2007, ma vie se déroulait globalement bien. J'étais heureux en couple, avec une femme remarquable qui était une épouse et une mère aimante et dévouée. Nous avions deux fils brillants et talentueux, tous deux sur le point d'obtenir leurs diplômes universitaires et nous les regardions grandir et devenir adultes avec une grande fierté. Je réussissais ma carrière en tant qu'avocat d'entreprise dans un cabinet important pendant que mon épouse embrassait les défis et les satisfactions apportés par sa profession d'infirmière en santé publique. Nous vivions dans une jolie maison d'un quartier chic et appréciions les conforts matériels liés à la prospérité financière. Nous étions heureux, en bonne santé et entourés de nombreux bons amis.

Néanmoins, en dépit de tout ce bonheur, j'aspirais à quelque chose qui m'avait échappé jusqu'à ce moment de mon existence. Je souhaitais ardemment obtenir les réponses à toutes ces questions fondamentales sur la vie et la mort, qui agitaient trop souvent mon esprit, me troublant et me démoralisant.

Pourquoi suis-je ici ? me demandai-je. Que suis-je vraiment censé accomplir dans ma vie ? Est-ce que Dieu a sélectionné cette vie pour moi ou est-ce que l'univers me l'a assignée au hasard ? Est-ce que tout ce que j'ai appris au catéchisme concernant Dieu et la vie après la mort est vrai, ou s'agit-il de mensonges ? Est-ce que Dieu me jugera à ma mort et m'enverra au paradis ou en enfer, en fonction de la manière dont j'ai mené ma vie ? Est-ce que Dieu existe vraiment ? Est-il possible qu'à ma mort je cesse simplement d'exister – disparaissant dans le néant ?

Quand je me remémorais mon éducation dans une famille catholique très pieuse, je me souvenais des réponses que l'église catholique m'avait fournies et enseignées enfant : Dieu m'avait placé dans cette vie pour servir Son but (qui n'était pas clair à mes yeux) et pour vivre ma vie en accord avec toutes les règles de l'Église catholique, y compris celles dictant quand, où et comment j'étais supposé lui rendre grâce. À ma mort, j'apparaîtrais devant Dieu pour recevoir Son jugement basé sur ce que j'avais fait ou non sur Terre. Si j'avais été bon, Dieu me laisserait entrer dans un lieu merveilleux nommé paradis, où je profiterais éternellement du bonheur et de la félicité. Si j'avais été mauvais, Dieu m'enverrait à tout jamais souffrir dans les feux de l'enfer. Ou, si je n'avais été que moyennement méchant, je devrais aller servir un temps au purgatoire jusqu'à ce que mon âme soit nettoyée de mes péchés, après quoi je pourrais accéder au paradis.

Les explications fournies par l'Église catholique à ce sujet ne me convainquaient pas. Bien que j'aie avalé l'intégralité de son dogme en tant qu'enfant, j'ai réalisé à la vingtaine qu'une bonne partie de ce que l'église enseignait à ses fidèles semblait insensé une fois éclairé et analysé d'un œil critique. Pendant de nombreuses années par la suite, j'ai erré dans une sorte de désert – rejetant le dogme de l'église catholique mais ne trouvant pas d'autre paradigme pour le remplacer.

À l'opposé de ce spectre, je savais que de nombreux athées niaient l'existence de Dieu et pensaient que nos vies sur cette planète étaient le fruit du hasard d'un univers impersonnel, sans aucun but précis. En outre, la mort représentait notre fin – il n'existait selon eux aucune forme de vie après la mort. Nous disparaîtrions simplement, nos corps physiques redevenant poussière.

Cette croyance ne me convenait pas non plus, sans pouvoir pour autant fournir une explication rationnelle à ce ressenti. Mon instinct me disait que nous avions tous un Moi Supérieur ou Âme qui survivait à notre mort physique, mais je me demandais parfois s'il ne s'agissait pas juste d'un espoir personnel. Intuitivement, j'avais le sentiment que ma vie et que toutes les autres formes de vie n'étaient pas le fruit d'une série d'événements dus au hasard dans l'univers – qu'il y avait derrière tout cela une sorte de main qui guidait l'ensemble. Je n'adhérais pas à la représentation de l'Église catholique, selon laquelle Dieu était un homme majestueux siégeant sur un trône en or et distribuant récompenses et punitions aux âmes qui achevaient leur vie sur Terre. Il me semblait insensé que Dieu, l'Être Suprême tout-puissant et tout-sachant, possédant tout et ne manquant de rien, fasse preuve des nombreuses émotions négatives si propres aux humains, telles que la vanité, la jalousie et la colère. Si Dieu possédait tout, me demandai-je, pourquoi avait-il besoin d'être vénéré d'une certaine façon par les humains ou même vénéré tout court ? Et pourquoi Dieu accorderait le libre arbitre aux humains dans leurs vies sur Terre, puisqu'il était si évident que cela leur permettrait d'enfreindre les règles qu'Il attendait qu'ils suivent ? Aussi, comment sait-on que toutes les "Règles de

Dieu" qui nous sont dictées par les religieux, qui clament parler en Son nom, proviennent réellement de Dieu ? Était-il possible que tous ces hommes saints aient juste suivi leurs desseins personnels quand ils ont créé ces règles ?

Ces questions trottèrent dans ma tête durant de nombreuses années, alors que je cherchais en vain les réponses "exactes" qui satisferaient mon esprit et mon cœur.

Puis, en 2007, par un bel après-midi de mai, alors que je me promenais dans une zone piétonne près de mon bureau, un homme, sans domicile fixe, sortit de nulle part et proposa de répondre à toutes mes questions épineuses. J'avais rencontré des sans-abris dans cet endroit à de nombreuses reprises auparavant et j'étais devenu relativement habile pour effectuer rapidement un pas de coté et les éviter. Mais ce sans-abri était différent – ses incroyables yeux bleus pénétraient mon être tout entier, directement au cœur de mon âme – et je fus radicalement cloué sur place, dans l'incapacité de bouger (ou ne souhaitant pas le faire).

Ce livre est issu d'une série de conversations que j'ai eues avec cet homme pendant les années qui suivirent. Au cours de nos discussions, j'ai découvert que cet homme, qui se prénomme Albert, n'était pas réellement un sans-abri. À ma grande surprise, il me raconta que lui et moi étions de vieux amis, que nous nous connaissions depuis longtemps, bien que je n'aie aucun souvenir d'une rencontre antérieure. Nos conversations furent informelles, comme celles de deux amis échangeant autour d'une bière et Albert fit de son mieux pour me fournir des réponses compréhensibles et facilement communicables aux autres. Albert possédait un esprit vif et un sens de l'humour aigu et il n'était pas en reste quand il s'agissait d'utiliser le sarcasme pour réprimander mes nombreuses manies humaines. Mes entretiens avec Albert furent une expérience exaltante et inoubliable et je suis convaincu, sans le moindre doute, que tout ce qu'Albert m'a raconté est la vérité "réelle".

J'ai écrit ce livre pour réaliser le souhait d'Albert : que chacun ait l'opportunité de lire et de comprendre son message à l'humanité. Je trouve que ses révélations sont rassurantes et inspirantes et j'espère que vous penserez de même.

Garnet M. Schulhauser
Ile de Vancouver
Mars, 2012

Chapitre Un :
Pourquoi Êtes-Vous Ici ?

C'était un autre lundi matin. Mon œil gauche clignait alors que je plissais les yeux pour lire les chiffres sur le réveil à LED situé près de mon lit. Il était 5:35 h. Je pouvais rester au lit une heure encore avant de devoir me lever, je sombrai alors dans un sommeil léger, essayant de bloquer toutes les pensées relatives au travail qui assaillaient mon esprit. Tout ce que je voulais, c'était dormir quelques minutes de plus.

Mon œil gauche s'entrouvrit à nouveau, le réveil affichait désormais 6:20 h en chiffres rouges vifs. Je posai doucement mes jambes sur le tapis, tentant de ne pas déranger ma femme qui dormait profondément à mes côtés. Notre petite chienne, Abby, qui avait dormi toute la nuit blottie contre ma jambe, laissa échapper un soupir et changea de position. Je me rendis silencieusement à la salle de bain, allumai la lumière et m'aspergeai le visage d'eau pour me réveiller.

Ces derniers temps, la vie me fatiguait. Même si j'avais tout ce que j'avais toujours désiré – une femme dévouée à aimer, deux fils merveilleux, une carrière réussie en tant avocat d'affaires dans un cabinet important et la prospérité financière – il me manquait quelque chose. J'attrapai mon rasoir électrique dans le placard et le branchai. Je regardai dans le miroir et mon image me fixa en retour.

Silencieusement, je me posai les sempiternelles questions qui me préoccupaient depuis des années : Pourquoi suis-je ici ? Est-ce que Dieu a sélectionné cette vie pour moi ou est-ce que l'univers me l'a assignée au hasard ? Quand je mourrai, irai-je au paradis ou en enfer, ou vais-je simplement cesser d'exister – en disparaissant dans le néant ? Est-ce que tout ce que j'ai appris au catéchisme concernant Dieu et la vie après la mort est vrai, ou s'agit-il de mensonges ? J'étais aux prises avec ces questions en appliquant le rasoir électrique sur mon visage, me demandant si je finirais par trouver les réponses.

En rejoignant tranquillement mon bureau ce matin là, je lançai mon habituel "Bonjour" abrupt à mon assistante en passant devant elle. J'allumai mon ordinateur et sortis les affaires de mon attaché-case. Je jetai un coup d'œil aux plaques accrochées au mur, chacune témoignant de la réussite d'une opération de fusion importante ou d'un succès financier que j'avais réalisé pour un de mes clients. Ces succès, exaltants et gratifiants à l'époque, me semblaient maintenant dérisoires.

Un peu plus tard ce jour là, alors que ces questions tournaient dans ma tête, je partis me promener dans une zone commerciale à l'extérieur de notre bâtiment. C'était un bel après-midi de mai, chaud et ensoleillé, et je respirais profondément en descendant la rue, frayant mon chemin à travers une foule de piétons. Tout à coup, un sans-abri se leva d'un banc et se plaça face à moi. Ses vêtements en lambeaux étaient sales, sa barbe était longue et hirsute et ses cheveux étaient gras et filiformes. Il m'offrit un sourire édenté et me regarda intensément dans les yeux.

Ses yeux bleus clairs étincelaient et son regard semblait pénétrer les profondeurs de mon âme. J'eus le sentiment qu'il connaissait tout de moi – mes espoirs, mes aspirations, mes peurs et inquiétudes et même les secrets les plus enfouis que je n'avais jamais partagés avec quiconque. Je voulus faire demi-tour, mais je m'arrêtai net car ses yeux brillaient d'un amour inconditionnel qui imprégnait mon corps tout entier. Je restai ainsi, incapable de bouger, me complaisant dans la chaleur réconfortante qui émanait de cet homme.

Le sans domicile fixe élargit son sourire et dit "Pourquoi es-tu ici?"

Cela interrompît ma rêverie, mais avant que j'aie la chance de répondre, il se retourna et se faufila par la porte d'un magasin à proximité. Je demeurai là, immobile, pendant quelques minutes, cherchant à comprendre ce qui venait de se produire. Qui est cet homme et pourquoi m'a-t-il interpellé dans la rue ? Pourquoi m'a-t-il posé cette question ? me demandai-je.

Je compris que je devais le rattraper pour obtenir ces réponses. J'entrai dans le magasin dans lequel il s'était engouffré et parcourus les allées en vain. Espérant le localiser, je marchai à travers la zone commerciale, mais il avait disparu. Je m'en voulus d'avoir perdu sa trace et je me promis de revenir le lendemain pour essayer de le retrouver.

Sur le chemin retour jusqu'à mon bureau, davantage de questions trottaient dans ma tête. D'où venait ce sans-abri et comment avait-il réussi à disparaître si vite ?

Cette nuit là, alors que j'étais allongé dans mon lit, je repensai aux événements de l'après-midi. Je commençai à me dire qu'il ne s'agissait pas d'un SDF ordinaire et que je ne l'avais pas rencontré accidentellement. Je me rappelai une citation entendue des années auparavant et qui semblait maintenant appropriée : "Quand l'étudiant est prêt, le maître apparaît". Est-ce que ce sans-abri était mon maître – ou juste un clochard comme les autres ?

L'après-midi suivant, je retournai au centre commercial en prenant le même chemin que le jour précédent. Cette fois, je fus plus attentif, jetant des coups d'œil à droite et à gauche à la recherche de cet homme. Après avoir sillonné le quartier, je commençais à perdre espoir quand je l'aperçus, seul, assis sur un banc. Il me sourit alors que ses yeux bleus étincelants imprégnaient à nouveau tout mon corps d'un sentiment d'amour et de paix. J'avais l'impression que rien ne pouvait me blesser et que j'étais libéré de toutes les préoccupations terrestres.

Le charme fut rompu lorsqu'il parla "Tu te poses beaucoup de questions. Que voudrais-tu savoir en premier ?"

[Tout au long du dialogue qui suit, mes propos seront en italique et ceux d'Albert en caractères gras.]

Qui êtes-vous ?
Je m'appelle Albert. Je suis venu pour t'aider.
Comment pourriez-vous m'aider alors que vous ne parvenez même pas à vous aidez vous-même ? Vous avez l'air d'être dans la rue depuis des semaines et vous sentez le poisson pourri. Que voulez-vous ?
Les apparences peuvent être décevantes. Dans ton cas, tu ressembles à un avocat à succès, pour qui tout est sous contrôle, mais sous cette façade, tu te débats pour trouver le sens de ta vie.
Comment connaissez-vous autant de choses sur moi ? Je ne vous ai jamais vu auparavant et je ne sais rien de vous.
Nous nous connaissons depuis fort longtemps même si tu ne te souviens pas de notre passé. Si tu veux en savoir plus, assieds toi et je répondrai à tes questions.
Pourquoi devrais-je croire ce que vous me dites ? Tout ce que je crois, c'est que vous êtes en train d'essayer de me soutirer de l'argent.
Tu ne peux pas en être sûr à l'heure actuelle, mais qu'as-tu à perdre ? Tu peux retourner à ton bureau pour voir si tu peux

trouver tes réponses dans les e-mails qui t'attendent ou tu peux tenter ta chance avec moi.

Mon cerveau me dit de tourner les talons et de partir, mais mon instinct me dit de rester. Je vais tenter ma chance, je crois. Pourquoi ne pas reprendre au début ? Qui êtes-vous et comment allez-vous m'aider ?

Je suis une Âme, tout comme toi. Je suis ici pour répondre à tes questions et te guider dans ton voyage.

Quel voyage ?

Le voyage de ton Âme dans cette vie actuelle sur Terre.

Pourquoi est-ce que je fais ce voyage ? Est-ce que Dieu a choisi cette vie pour moi ?

Comme toutes les autres Âmes qui s'incarnent physiquement sur Terre, tu es venu ici pour faire l'expérience de ce que la Terre a à offrir afin de grandir et d'évoluer. La décision de t'incarner dans cette vie actuelle a été prise par toi seul – elle n'a pas été dictée par le Créateur ou par quiconque autre. Tu as choisi ta vie avant de naître afin de faire l'expérience de choses nécessaires à ton évolution en tant qu'Âme. Le Créateur n'a pas préparé ton scénario et Il ne manipule pas les événements de ta vie.

Qui est le Créateur ? Parles-tu de Dieu ?

Le Créateur est l'ensemble de tout ce qui existe dans l'univers. C'est l'Initiateur et l'essence de tout ce qui existe. Les humains se réfèrent au Créateur en employant divers noms, Dieu étant le choix le plus fréquent. Je suivrai cette convention commune en me référant au Créateur sous le nom de Dieu et en lui donnant un genre masculin, bien que le Créateur ne soit ni masculin ni féminin.

Dieu a créé la Terre, toutes les étoiles, les planètes et tout ce qui compose l'univers. Afin de faire l'expérience de toutes les facettes de l'univers à partir de perspectives différentes, Il a aussi créé des Âmes, comme des aspects individuels de Lui-même, qui se déploieraient à travers les galaxies pour faire l'expérience de la vie partout où elle existe dans l'univers, y compris sur Terre. Tout ce qui se produit dans l'univers, ainsi que tout ce qui est vécu par les Âmes, est vécu par Dieu puisque toutes choses dans l'univers sont connectées à Dieu et

connectées entre elles, et toutes appartiennent au tout qui est Dieu. Puisque toutes les Âmes possèdent le libre arbitre et peuvent choisir ce qu'elles souhaitent vivre, chaque Âme suit son propre chemin d'évolution et ceci permet à Dieu de faire l'expérience, de différentes façons, de ce qu'Il a créé.

Qu'est-ce que Dieu veut que j'accomplisse dans cette vie ?

Dieu n'a pas besoin que tu accomplisses quoi que ce soit dans ta vie. Il t'a donné le libre arbitre de choisir ta vie et de planifier ton voyage sur Terre. Il ne crée pas les règles que tu dois suivre et Il ne te punira pour rien de ce que tu fais dans ta vie.

D'où est-ce que je viens, avant cette vie ?

Tu viens du Monde des Esprits, d'où viennent toutes les Âmes. Tu retourneras dans le Monde des Esprits à ta mort et laisseras ton corps de côté. Le Monde des Esprits est tout autour de toi, bien qu'il existe sur une vibration plus haute que le plan terrestre et ne peut normalement pas être senti ou observé par les humains. Le Monde des Esprits est un lieu magnifique plein d'amour et de joie où la maladie, la souffrance et le crime n'existent pas. Tout le monde vit en paix et en harmonie.

Le Monde des Esprits doit être un endroit merveilleux. S'agit-il du paradis ? Pourquoi voudrait-on quitter cet endroit et venir sur Terre?

Le Monde des Esprits est en effet un lieu merveilleux, qui ressemble au paradis décrit par de nombreuses religions. Tu es venu ici en sachant que tu quitterais le Monde des Esprits seulement pour un court moment et que tu y retournerais à la fin de ta vie humaine. Tu l'as déjà fait de nombreuses fois dans le passé.

Les Âmes ne considèrent pas la vie sur ta planète comme une épreuve ; elles la voient comme une aventure qui peut apporter de nombreuses satisfactions. C'est comme les gens qui signent un contrat de deux ans dans un autre pays. Même s'ils ne veulent pas quitter leur maison et déménager de façon permanente dans ce nouveau pays, ils acceptent cette affectation parce qu'ils s'attendent à apprécier de nouvelles aventures dans cet autre pays, avant de retourner chez eux. Ils partent avec le sentiment d'aventure, sachant qu'ils apprendront beaucoup du langage et des coutumes de ce nouveau pays et que cela accroîtra leurs connaissances et leur apportera une compréhension plus vaste du monde dans lequel ils vivent. Et même si le nouveau pays n'est pas aussi agréable qu'ils l'avaient espéré, ils savent qu'ils n'y resteront pas éternellement.

Pourquoi ne suis-je pas en mesure de me souvenir de quoi que ce soit du Monde des Esprits ? Ma vie serait tellement plus simple, si je pouvais m'en souvenir et savoir avec certitude que j'y retournerai à ma mort.

Dans le cadre du processus d'incarnation, l'accès direct aux souvenirs du Monde des Esprits est restreint durant la vie sur Terre. Une des composantes majeures de l'incarnation est de devoir faire face aux inconnues et aux incertitudes lorsque tu cherches des réponses concernant les raisons de ton existence sur Terre et ce qui adviendra après ta mort.

De mon point de vue, la vie n'est pas de tout repos et de nombreuses personnes seraient d'accord avec cet autocollant que j'ai vu un jour sur une voiture "La vie est une garce. Et puis tu meurs." Puisque la vie dans le Monde des Esprits est si joyeuse et que la vie sur Terre est si difficile, pourquoi les Âmes cherchent-elles à endurer la vie sur Terre ? Quels sont les bénéfices d'une telle vie ?

La réponse à ta question est complexe et difficile à comprendre pour les humains. Les Âmes sont des esprits éternels qui cherchent à vivre de nouvelles expériences en s'incarnant sur Terre afin d'apprendre, de gagner en sagesse et d'évoluer. Dans le Monde des Esprits, les Âmes peuvent apprendre et développer leurs connaissances, cependant la connaissance ne leur suffit pas. La connaissance couplée à l'éclairage apporté par l'expérience devient la sagesse. Les Âmes s'incarnent dans des corps physiques pour compléter leurs connaissances avec l'expérience.

Je n'ai pas très bien compris ce point sur la connaissance. Si je possède la connaissance dans le Monde des Esprits, pourquoi est-il important pour moi d'en faire l'expérience en tant qu'humain ?

Même si tu ne comprends pas ce concept à l'heure actuelle, c'était pourtant très évident pour toi quand tu étais dans le Monde des Esprits. Une analogie simple pourrait t'aider. Imagine que tu es un enfant vivant dans un petit village au

Kenya et que tu n'as jamais voyagé très loin de ta maison et de son climat équatorial. Si tu allais à l'école et que tu étudiais les climats, on t'enseignerait que la température de l'air dans certaines parties de l'hémisphère nord peut souvent descendre en dessous de -20°C pendant les mois d'hiver, ce qui peut engendrer des engelures ou la mort d'un corps humain non protégé. Même en possédant cette connaissance sur les températures inférieures à 0°C, tu ne serais tout de même pas en mesure de comprendre ce qu'est réellement le froid et ses effets sur le corps. Ta connaissance ne serait pas complète et tu ne pourrais avoir une réelle compréhension de ces températures qu'en allant en Alaska ou en Sibérie au milieu d'un mois de janvier et en te tenant dans le froid sans vêtements. Cette expérience compléterait ta connaissance du froid.

Il en va de même pour toutes les autres conditions physiques rencontrées sur Terre, tels que le vent, la pluie, la faim, la maladie et la douleur, ou les émotions négatives ordinaires chez les humains, à savoir la peur, la colère et la haine. Aucune de ces circonstances physiques ou émotionnelles n'existent dans le Monde des Esprits. Il faut s'incarner dans un corps physique pour en faire l'expérience.

Pourquoi une Âme voudrait-elle faire l'expérience de la haine ou de la souffrance ?

Toutes les Âmes désirent ardemment apprendre sur elles et sur l'univers pour évoluer et grandir. La Terre possède une diversité de conditions physiques et d'émotions négatives que les Âmes souhaitent découvrir pour progresser et évoluer. Ces conditions difficiles offrent aux Âmes la possibilité d'apprécier plus intensément l'amour inconditionnel et la joie qui règnent dans le Monde des Esprits. Les Âmes voient la vie sur Terre comme un moyen de se tester elles-mêmes, de déterminer si elles peuvent endurer la souffrance et les difficultés de la vie terrestre sans abandonner rapidement et sans laisser leurs émotions négatives contrôler leurs actions.

Tu as mentionné que les Âmes choisissent librement de s'incarner et que personne, y compris Dieu, ne peut dicter cette décision. Une fois qu'une Âme a pris la décision de s'incarner, qui détermine où elle naîtra ou les autres circonstances de son existence ?

Les Âmes qui s'incarnent ne sont pas insérées dans des corps humains par Dieu ou par une action aléatoire de l'univers. Avant son incarnation, chaque Âme crée un Plan d'Incarnation, les grandes lignes de la vie proposée. Ce Plan d'Incarnation est conçu pour fournir à l'Âme diverses opportunités de rencontrer les nombreuses facettes de la planète afin d'apprendre et de gagner en sagesse. Les Sages, qui sont des Âmes très évoluées, révisent chaque Plan d'Incarnation afin de s'assurer que la vie prévue ne soit pas trop difficile ou trop ambitieuse et qu'elle soit adaptée à l'Âme. De même, tous les Plans de Vie sont revus par les autres Âmes qui joueront un rôle significatif dans la nouvelle incarnation de l'Âme. Les Âmes considéreront avec attention les commentaires apportés, mais, au final, chaque Âme choisit seule le contenu de son Plan d'Incarnation.

Ce processus apparaîtrait comme une hérésie pour toutes les religions qui estiment que Dieu seul décide de ce que nous deviendrons et de ce qui se produira dans nos vies. Pourquoi Dieu m'autoriserait-il à créer mon propre Plan d'Incarnation ? Et qu'adviendrait-il si je créais le mauvais ?

Il n'existe aucun mauvais Plan d'Incarnation. Tous les Plans de Vie se valent et Dieu ne juge les Plans de personne. Dieu veut que chaque Âme évolue et grandisse au moyen de la sagesse gagnée grâce à un séjour sur Terre et Il est heureux d'autoriser chaque Âme à modeler son propre Plan d'Incarnation. Tout comme il n'y a pas de mauvais Plan d'Incarnation, il n'existe pas non plus de Plan d'Incarnation parfait. Si un Plan d'Incarnation ne permet pas d'offrir à l'Âme les meilleures opportunités pour vivre les expériences qu'elle recherche, il y aura d'autres vies et d'autres chances. Les Âmes peuvent s'incarner aussi souvent qu'elles le souhaitent. Si une Âme ne "comprend" pas dans une vie, elle peut revenir encore et encore jusqu'à ce qu'elle découvre ce qu'elle cherche.

Cela va à l'encontre de la croyance conventionnelle de nombreuses personnes qui pensent : "on n'a qu'une vie, essayons de faire de notre mieux". J'ai entendu cette expression des centaines de fois. C'est un concept enseigné par de nombreuses religions. Pourquoi penses-tu qu'elles ont adopté cette croyance ?

Dans le plupart des religions, tout est question de contrôle. Leurs dirigeants religieux veulent que leurs fidèles restent sous leur coupe et suivent leurs règles – la plupart portent sur quand, où et comment les membres doivent rendre grâce à Dieu. Ces religions pensent qu'il doit y avoir des sanctions et des récompenses afin d'encourager les membres à obéir aux lois et la méthode "de la carotte et du bâton" est fréquemment utilisée. Si les individus sont bons durant leur vie et suivent les règles de la religion, ils iront, à leur mort, dans un lieu merveilleux nommé paradis. À l'inverse, s'ils se comportent mal et ne suivent pas les règles édictées, ils iront dans un lieu horrible nommé enfer, où ils souffriront éternellement. Afin de rendre la technique de la carotte et du bâton plus efficace, ils ont décidé que chaque personne n'aurait qu'une seule chance. Ce que les individus font ou ne font pas dans leur vie présente déterminera où ils iront à leur mort. Il n'y a pas de deuxième chance.

Si la réincarnation était admise et que les gens pouvaient continuer à s'incarner jusqu'à ce qu'ils deviennent "bons", il y aurait moins de nécessité à être bon dans une vie en particulier. Les gens seraient donc plus enclins à suivre leurs désirs terrestres et ne s'inquiéteraient pas de leur comportement s'ils savaient qu'ils pouvaient revenir autant de fois que souhaité. Sans la perspective immédiate d'aller brûler en enfer, une personne pourrait choisir un chemin simple et ignorer les règles religieuses dans cette vie. C'est un peu comme quand tu peux décider de regarder un match de football à la télévision au lieu d'aller ramasser les feuilles mortes dans le jardin. Tu sais que les feuilles seront encore là demain, alors pourquoi ne pas profiter d'aujourd'hui ?

J'admets. Ces religions perdraient une part importante de leur influence si leurs membres savaient qu'ils n'étaient pas limités à une existence. Fort de cette connaissance, il me serait plus facile de justifier mon absence à l'office du dimanche pour passer la journée à pêcher. De plus, s'il advenait que je meure avant d'avoir été pardonné, je ne serais pas banni en enfer pour l'éternité et je pourrais revenir sur Terre dans une autre vie et avoir une nouvelle chance.

C'est la raison pour laquelle de nombreuses religions rejettent le concept de réincarnation. Elles pensent que le meilleur moyen de garder leurs fidèles sur le droit chemin est de "leur mettre le couteau sous la gorge" en prêchant qu'ils n'ont qu'une vie et qu'une seule chance d'être bons (c'est à dire de suivre les règles de la religion). S'ils échouent, ils seront envoyés en enfer pour souffrir jusqu'à la fin des temps.

Ainsi, c'était ma décision de m'incarner et j'ai préparé mon Plan d'Incarnation avant de naître. Est-ce que cela signifie que tout ce que je fais et que tout ce qui m'arrive est prédestiné ?

Non, tout dans ta vie n'est pas prédéterminé. Ton Plan d'Incarnation représente les grandes lignes de ta vie et peut être amené à changer en fonction des décisions que tu prends et de tes réactions face aux divers événements. Tu as le droit d'utiliser ton libre arbitre sur Terre et cela peut modifier le schéma général de ton Plan d'Incarnation. Quand tu es dans le Monde des Esprits, tu ne peux pas prédire de manière précise la façon dont tu exerceras ton libre arbitre à travers tes actions et décisions une fois incarné. Chaque Plan d'Incarnation contient plusieurs croisements et tu dois choisir le chemin que tu prends à chaque carrefour. Chaque choix a un impact sur le reste de ta vie et certaines décisions peuvent te maintenir un long moment à l'écart de la route initialement prévue.

Si je sais dans le Monde des Esprits ce dont je veux faire l'expérience dans cette vie, pourquoi mon Âme ne peut-elle pas me communiquer ses intentions afin que je fasse les bons choix et que j'emprunte le bon chemin ?

Il n'y a pas de chemin absolument bon ou mauvais pour une Âme. Ton Âme essaye de te guider dans la "bonne" direction (c'est à dire dans la direction la plus cohérente en fonction de ton Plan d'Incarnation) mais ton esprit conscient, ton mental, n'entend pas toujours les messages et les rejettent parfois à travers la rationalisation. Souvent, quand tu reçois une pensée intuitive ou entend une voix intérieure t'invitant à faire quelque chose, tu analyses et rationalises le message et tu finis par l'ignorer. Parfois, tu n'entends pas le message à cause de

toutes les pensées qui encombrent ton esprit. Ces messages de ton Âme (et de tes Guides Spirituels) te fournissent une guidance à des moments cruciaux de ta vie. Ils n'ont pas pour objectif de te donner une image précise de ton Plan d'Incarnation, car cela te détournerait de la raison première de ton incarnation.

Laisse-moi te donner un exemple qui pourrait t'aider à comprendre. Imagine que tu es le patron d'une petite entreprise et que tu découvres qu'il y a un problème de vol dans le magasin. Tu décides de monter un plan pour trouver le coupable : tu laisses un portefeuille sur une table dans une pièce de l'entrepôt et tu caches des caméras pour filmer les événements. Puis tu t'arranges pour que chaque employé entre dans cette pièce seul et sans témoin. La caméra va enregistrer la manière dont chaque employé réagit devant ce portefeuille; la plupart le prendront et te le rendront mais quelques uns garderont l'argent pour eux. Tu espères donc que ce coup monté montrera la vraie personnalité de chaque employé et dévoilera l'identité du coupable. Maintenant imagine le même scénario, mais cette fois, tu préviens tes employés que tu as caché une caméra dans la pièce pour filmer ce qu'il se passe.

Ce serait stupide, puisque tous les employés rendraient le portefeuille sans prendre l'argent.

Tout à fait, et ce coup monté serait un échec. De la même manière, si tu connais consciemment le contenu de ton Plan d'Incarnation et ce que ton Âme espère que tu feras dans chaque situation, tu prendras les décisions et agiras en fonction de ton Plan d'Incarnation même si tu aurais eu tendance à agir autrement.

Mais, si je peux changer la direction que je prends en exerçant mon libre arbitre, cela ne met-il pas en échec l'objectif même d'avoir un Plan d'Incarnation ?

Tes actes peuvent affecter ta vie de différentes manières; cependant, ton Plan d'Incarnation demeure valide dans les grandes lignes. Il y a plusieurs aspects que tu ne peux aucunement modifier par ton libre arbitre, tels que tes parents, tes frères et sœurs, le lieu où tu es né et tes

11

caractéristiques physiques. À tous les croisements importants de ta vie, tu seras guidé pour choisir le bon chemin (c'est à dire celui proposé dans ton Plan d'Incarnation). Parfois des "signes" te guideront, mais même si tu rates le chemin initialement prévu, il y aura d'autres croisements plus tard qui te permettront de te remettre sur le bon chemin.

Qui nous guide et que sont les signes ?

La guidance vient de tes Guides Spirituels. Les signes sont des occurrences ou circonstances dans ta vie qui ont pour but de te guider sur le bon chemin. Dans la plupart des cas, tu as inclus le "signe" dans ton Plan d'Incarnation avant ta naissance, même si parfois certains signes sont créés par tes Guides Spirituels pendant ton existence.

Les Guides Spirituels sont des Âmes du Monde des Esprits qui agissent comme des coachs pendant ta vie sur Terre. Chaque personne possède plusieurs Guides Spirituels. La plupart des Guides se sont eux-mêmes déjà incarnés sur Terre et ont une compréhension réelle des difficultés qui peuvent être rencontrées durant ta vie. Je suis un de tes Guides.

J'ai d'autres questions sur les Guides Spirituels et sur les signes, mais je souhaiterais d'abord en savoir plus sur mon Plan d'Incarnation. Si j'ai bien entendu ce que tu m'as dit, quand j'ai créé mon Plan d'Incarnation, j'ai choisi mon lieu de naissance, mes parents, mes frères et sœurs et mes caractéristiques physiques.

C'est exact.

Par conséquent, quand je regarde ma tronche dans la glace et que je me demande pourquoi je suis dans ce corps particulier, la réponse est que j'ai choisi tous ces facteurs avant de naître. Si c'est vrai, pourquoi ai-je choisi cette vie ? Pourquoi n'ai-je pas choisi de naître dans une vie douce et tranquille comme le Prince Charles ? J'ai lu un article sur Internet récemment qui décrivait sa vie de privilégié – il a 150 domestiques pour prendre soin de lui, dont un qui étale le dentifrice sur sa brosse à dents quand il se lave les dents.

Quand tu as planifié ton incarnation actuelle, tu penchais dans cette direction, mais nous avons réussi à te persuader qu'étaler toi-même ton dentifrice sur ta brosse à dents était une expérience que tu devais vivre. La manière dont une personne presse le tube de dentifrice peut révéler beaucoup sur sa

personnalité – certains presseront un nouveau tube au hasard alors que d'autres presseront méthodiquement le tube de bas en haut.

C'est une plaisanterie, n'est-ce pas Albert ? Mais puisque j'ai déjà pressé et vidé un nombre incalculable de tubes de dentifrice dans ma vie, pourriez-vous vous arrangez pour que quelqu'un le fasse désormais à ma place ?

Impossible. Il n'existe qu'une seule personne sur ta planète avec la technique parfaite du pressage de tube de dentifrice et il travaille pour le Prince Charles.

Je suis ravi de savoir que mes Guides ont le sens de l'humour, même s'il est étrange.

L'humour est bel et bien présent dans le Monde des Esprits. Nous rions beaucoup de l'autre côté, particulièrement en regardant les comportements idiots des humains sur ta planète. Beaucoup de vos pitreries sont à se tordre de rire même si vous n'essayez pas d'être drôles. Je te montrerai ce dont je parle quand tu reviendras dans le Monde des Esprits.

Je te prends au mot. Mais pour le moment, pouvons-nous revenir à notre sujet ? Peux-tu me dire pourquoi j'ai choisi la vie que je mène ?

Les Âmes choisissent leurs vies et développe leur Plan d'Incarnation pour évoluer et grandir, ou pour aider une autre Âme à faire l'expérience de ce dont elle a besoin pour son évolution. Souvent, c'est une combinaison des deux. De ton point de vue Terrestre, tu penses qu'avoir une incarnation confortable avec peu de défis et de difficultés serait la meilleure vie pour toi et la plus simple à supporter. Bien que cette vision soit évidente pour toi aujourd'hui, cela ne te semblait pas pertinent quand tu as préparé ton Plan d'Incarnation dans le Monde des Esprits. Tu n'es pas venu sur Terre pour avoir une vie facile et sans problème, puisque la plupart des expériences que tu as souhaité vivre découlaient des difficultés et des épreuves que tu as rencontrées (et continuera de rencontrer) durant ta vie sur Terre. Tu aurais pu prévoir une vie douce, mais une telle vie ne t'aurait pas permis d'inclure tout ce que tu as souhaité découvrir dans cette incarnation. Ce n'est pas une mauvaise chose, cependant, d'être riche et de profiter des conforts matériels de la vie. Dans certains cas, une Âme choisira une vie de privilégié afin de

comprendre les défis inhérents à une vie de richesse et de succès. Dans d'autres situations, la richesse et le succès (ou le manque de ces aspects) n'aura pas d'impact significatif sur les événements dont une Âme veut faire l'expérience et le fait qu'ils soient présents ou non dans l'existence n'aura pas d'importance.

Es-tu en train de dire que j'ai délibérément planifié toutes les circonstances de ma vie, y compris les obstacles et les événements négatifs que j'ai traversés jusqu'à présent ?

Tu as planifié la plupart de ces événements, bien que certains soient les conséquences de décisions que toi ou d'autres personnes avez prises en utilisant votre libre arbitre. Quand les gens traversent des épreuves, ils se demandent souvent ce qu'ils ont fait pour mériter un tel traitement. Ils vont demander à Dieu pourquoi Il les fait souffrir et se mettront souvent en colère contre ce Dieu si cruel. Cela conduit les êtres à s'apitoyer sur leur sort en parvenant à la conclusion qu'ils n'ont rien fait de mal et que la vie est injuste. Une fois que tu admets que tu es l'auteur de ta réalité, tu ne souffres plus jamais de cette mentalité de victime. Ta réalité émane du Plan d'Incarnation que tu as créé pour toi-même dans le Monde des Esprits et de tes réactions aux événements qui se produisent dans ta vie.

Cela me rappelle une histoire que j'ai entendue il y a des années concernant deux jumeaux séparés à la naissance. Bien qu'ils n'aient jamais été en contact l'un avec l'autre, ils vivaient des vies parallèles avec des emplois, des vies de familles et des événements de vie similaires. L'un des jumeaux était de nature optimiste et l'autre pessimiste. Bien que leurs vies soient très semblables, l'optimiste menait une vie beaucoup plus joyeuse que son frère parce que le premier réagissait aux événements avec une attitude positive contrairement à l'autre qui réagissait de manière négative.

Cette histoire est très pertinente. Ton Plan d'Incarnation détermine les grandes lignes directrices des événements qui se produiront dans ta vie, mais ton libre arbitre déterminera la manière dont tu réagiras à ces événements. Par exemple, si un Plan d'Incarnation envisage qu'un individu soit renvoyé de son travail à 34 ans, sa réaction face à cet événement n'est pas prédéterminée. Il peut devenir amer ou dépressif, s'apitoyer sur son sort et se considérer comme une victime subissant un mauvais coup de Dieu ou il peut choisir de réagir positivement, s'employant à apprendre de ce revers tout en cherchant son prochain emploi. Son Plan d'Incarnation ne peut pas imposer la manière dont il réagira – les choix faits avec son libre arbitre déterminent sa réaction, qui affecte la réalité qui en découle. Si une personne réagit de manière positive aux obstacles et aux défis rencontrés, elle vivra une vie plus heureuse que si elle réagit négativement à ces événements. Il est toujours préférable de voir le verre à moitié plein plutôt qu'à moitié vide, mais il s'agit ici d'un choix librement effectué par chacun. Tu peux choisir d'être heureux et épanoui ou malheureux et misérable – ça dépend de toi.

J'aimerais en savoir plus sur les Plans d'Incarnation et la manière dont je peux en modifier le cours avec les actions qui découlent de mon libre arbitre, mais j'ai besoin de temps pour digérer tout ce que tu m'as dit jusqu'à présent. Pouvons-nous reprendre cette conversation un peu plus tard ?

Oui, bien sûr. Je suis toujours disponible. Fais moi savoir quand tu voudras poursuivre cette discussion.

Me rendrais-tu un service, prendrais-tu un bain avant notre prochaine rencontre ?

Je peux le faire, si tu ne portes plus jamais cette cravate.

Qu'est-ce qui ne va pas avec ma cravate ?

Elle est un peu trop vive. Si tu étais échoué sur une île déserte au milieu du Pacifique, tu pourrais l'agiter dans les airs et on te verrait de l'espace. Mais dans ton cas, elle fait vraiment tache – elle ne va pas du tout avec ta chemise bariolée.

OK, marché conclu! À la prochaine.

Je me levai du banc et saluai Albert. À la fois perplexe et fou de joie, je retournai au bureau. Cette nuit là, j'écrivis tout ce qu'Albert m'avait raconté en essayant de comprendre le sens de notre rencontre. Je venais de passer une partie de l'après midi à discuter avec un SDF aux cheveux ébouriffés, un homme que j'aurais ignoré en temps normal. Mais mon intuition me dit qu'il y avait quelque chose de spécial concernant Albert et je compris que je devais reprendre cette conversation.

Chapitre Deux :
Plans d'Incarnation et Libre Arbitre

Après le premier après-midi passé avec Albert sur le banc, j'eus de nombreuses autres conversations avec mon Guide Spirituel. Durant les premières rencontres, Albert prenait l'apparence d'un sans-abri, mais dans les sessions suivantes il me parla sans apparaître physiquement. (Je réalisai par la suite que j'étais le seul à pouvoir voir et entendre Albert quand il apparaissait comme SDF). Il m'a toujours parlé par télépathie et j'ai fait de mon mieux pour prendre en notes nos échanges. Il attendait généralement que je sois prêt avant de commencer une séance et s'est toujours rendu disponible quand j'avais des questions.

De peur d'être enfermé dans une cellule capitonnée, je ne parlai à personne de mes conversations avec Albert, pas même à ma femme. Suite à ma première rencontre avec Albert, ma vision de l'existence changea radicalement, éclairée par le concept que mon Âme avait décidé des facteurs les plus importants de ma vie. Quand je regardais mon image dans la glace le matin, je ne me demandais plus comment j'étais arrivé ici. Je voulais plutôt comprendre ce que j'étais censé faire du reste de ma vie.

Je me suis rappelé avoir lu une citation de Yogi Berra: "Quand vous arrivez à un croisement sur la route, vous devez choisir" J'espérais que quelqu'un m'aiderait à me diriger à la prochaine intersection.

Après avoir réfléchi à ce qu'Albert m'avait révélé, j'avais de nouvelles questions à lui poser.

Albert, j'aimerais en savoir plus sur les Plans de Vie. Tu as dit que lorsque nous préparons notre Plan d'Incarnation, nous le faisons conjointement avec d'autres Âmes. Peux-tu m'expliquer comment ça se passe ?

Toutes les vies ont des connexions avec d'autres personnes. Quand tu as créé ton Plan d'Incarnation, tu as coordonné divers aspects de ton Plan avec les Âmes avec lesquelles tu as

choisi d'interagir durant ta vie. Ton Plan d'Incarnation comprenait les particularités de tes parents, de tes frères et sœurs, de tes proches, de tes amis et collègues. Ces autres Âmes ont accepté au préalable de faire partie de ta vie et tu as accepté de faire partie de la leur. C'était essentiel car tu ne peux pas t'imposer dans la vie de quelqu'un de façon significative sans son accord. Ils ont eu l'occasion d'examiner ton Plan d'Incarnation et de te faire des suggestions (en particulier sur les aspects les impliquant) et tu as fait la même chose avec leurs Plans de Vie.

Comment fait-on pour choisir ces Âmes dans le Monde des Esprits ? Ont-elles le choix ou puis-je réquisitionner quelqu'un que je souhaite pour une vie particulière ?

Toutes les Âmes appartiennent à un ou plusieurs groupes dans le Monde des Esprits et bien souvent, les personnes importantes de notre vie appartiennent à notre groupe spirituel. Chaque groupe est composé d'Âmes ayant déjà vécu ensemble différents types de relations sur Terre. L'Âme qui était ton père dans une vie a très bien pu être ton frère ou ta fille dans d'autres vies. Ton meilleur ami dans cette vie a très bien pu être ton épouse ou ton grand-père dans des vies antérieures.

La plupart des Âmes veulent faire l'expérience de la Terre de la manière la plus vaste possible, par conséquent elles vont s'incarner dans une multitude de rôles divers et faire l'expérience des deux genres. Elles choisiront de naître dans des dizaines de pays avec des professions et des rôles variés. Leurs corps physiques varieront énormément; parfois ils seront beaux et musclés, parfois fragiles et infirmes. Dans certaines incarnations, elles seront pauvres et dans d'autres riches et privilégiées. Chaque Âme effectue ces choix librement quand elle prépare son Plan d'Incarnation, mais elle a besoin de la coopération d'autres Âmes de son groupe, de sa famille d'Âmes, pour remplir les rôles des personnes qui interagiront avec elle dans sa prochaine existence.

Et qu'en est-il si une Âme ne trouve pas suffisamment de volontaires pour remplir tous les rôles de son Plan d'Incarnation ?

Cela n'arrive jamais. Les groupes d'âmes sont suffisamment grands pour qu'une Âme puisse toujours trouver quelqu'un pour remplir les différents rôles de sa vie. Il existe une volonté permanente de coopération et de gentillesse parmi les Âmes, qui sont conscientes que si tu aides une autre Âme en prenant un rôle dans sa vie, elle te rendra service à son tour un jour.

Imagine que tu sois le metteur en scène d'une pièce de théâtre. Si tu as un rôle peu attrayant à jouer, tu pourrais devoir appeler un acteur qui te doit un service d'une pièce précédente. Étant donné que l'engagement sera relativement court et que l'acteur peut toujours apprendre quelque chose de chaque rôle, tu trouveras toujours quelqu'un pour remplir cette mission. De la même manière, les Âmes savent que la vie terrestre est courte (du point de vue du Monde des Esprits), il ne s'agit donc pas d'une épreuve pour une Âme d'endosser une vie pour aider une autre Âme.

Je suis toujours perplexe sur la manière dont le Plan d'Incarnation est compatible avec l'exercice du libre arbitre des humains. Je comprends que quand mon Âme s'est incarnée, elle espérait que je suivrais le Plan d'Incarnation qu'elle avait établi pour moi dans le Monde des Esprits. Puisque je ne connais pas ce Plan et que je peux faire des choix, il semble peu probable que je sois en mesure de suivre de près mon Plan d'Incarnation. Non seulement, je peux m'éloigner de mon chemin quand je prends des décisions à partir de mon libre arbitre, mais les actions des autres personnes peuvent aussi m'aiguiller dans la mauvaise direction. Comment sont gérés ces conflits pour que je puisse suivre mon Plan d'Incarnation.

Tout d'abord, tu dois comprendre que ton Plan d'Incarnation n'est qu'une esquisse générale de ta vie ; il ne couvre que les points majeurs de ton existence – il ne contient pas tous les détails. La plupart des choses qui t'arrivent quotidiennement n'ont pas d'impact majeur sur les événements importants de ton Plan d'Incarnation. Les décisions prises par ton libre arbitre en réponse à ces situations ne causeront, en général, aucune déviation sérieuse de ton Plan d'Incarnation, bien que cela puisse se produire. Ainsi, tu ne t'éloigneras généralement pas beaucoup de ton chemin en interagissant avec des personnes qui exercent leur libre arbitre.

Comme je te l'ai dit précédemment, certains des facteurs essentiels de ton Plan d'Incarnation étaient en place avant ton incarnation, comme ton lieu de naissance et les personnes qui composent ta famille. Tes caractéristiques physiques ont été choisies à la conception, c'est à dire ton genre, la couleur de ta peau ainsi que la présence (ou l'absence) de talents athlétiques, artistiques ou autres. Le pays de ta naissance a déterminé ta langue maternelle et les traditions de ton enfance. La localisation de la maison de tes parents a influencé le choix des écoles que tu as fréquentées. Les professions et le statut social de tes parents ont joué un rôle important dans ton développement pendant l'enfance. Toutes ces caractéristiques étaient existantes à ta naissance et tu ne pouvais pas les changer.

Qu'en est-il de ce que je peux changer ? Comment puis-je à l'heure actuelle éviter une sortie de route radicale de mon Plan d'Incarnation en exerçant mon libre arbitre et en étant entouré de gens qui en font autant ? Quand je regarde ma vie passée, je peux constater un nombre important d'occurrences qui ont modelé le cours de ma vie. Dans la plupart de ces situations, j'étais à un carrefour de ma vie et j'ai dû choisir quel chemin prendre. N'étant pas conscient de mon Plan d'Incarnation, comment ai-je su quelle route était la bonne ? Comment savoir aujourd'hui si j'ai pris le bon chemin ? Est-il possible que je me sois trompé à certaines de ces intersections ?

Tu dois te souvenir qu'il n'y a pas de chemin absolument adéquat à suivre sur Terre. Le chemin envisagé dans ton Plan d'Incarnation est la meilleure voie à suivre, mais même si tu te trompes, personne ne te punira pour ça et tes aventures te permettront toujours de gagner en sagesse. Rien de ce que tu vis n'est une perte de temps; tu peux toujours apprendre de nombreuses choses de chaque vie même si tu as manqué certains des aspects nécessaires à ton évolution. Tu peux vivre autant de fois que tu veux sur la Terre, tu peux revenir jusqu'à ce que tu aies fait l'expérience de tout ce dont tu as besoin ou jusqu'à ce que de nouvelles vies terrestres ne soient plus nécessaires à ton évolution en tant qu'Âme.

Il y a néanmoins plusieurs choses qui te guideront sur le chemin qui te permettra de rencontrer les événements principaux de ton Plan d'Incarnation. Quand tu as créé ton Plan d'Incarnation, tu as inséré des "panneaux de signalisations" en des lieux stratégiques pour influencer tes décisions. Quand c'est nécessaire, tes Guides ajoutent de nouveaux "signes" pour te guider dans la bonne direction. Ces signes peuvent être des événements dans ta ville ou ailleurs dans le monde, des "coïncidences" qui se produisent dans ta vie ou des choses que d'autres personnes disent ou font. Elles ont pour but de te maintenir sur la bonne voie afin que tu puisses réaliser ton Plan d'Incarnation.

Par exemple, imagine que tu aies décidé de déménager dans une autre ville et que tu cherches une maison à acheter dans ce nouveau lieu. Alors que tu te débats pour te décider entre les deux dernières maisons en lice, tu te retrouves à prendre un journal et tombes sur un article mentionnant les bouchons terribles qui persistent dans un des quartiers de ta liste. Conscient de cet aspect, tu décides d'acheter l'autre maison. Ce n'est pas une coïncidence; c'est un signe destiné à t'encourager à acheter la maison qui te permettra de réaliser des événements prévus dans ton Plan d'Incarnation.

Cela me rappelle une série d'événements qui se sont produits il y a des années et qui ont eu un impact majeur sur ma carrière. Quand j'étais encore étudiant en droit, un camarade m'a persuadé de postuler pour un stage dans une autre ville plutôt que de rester près de chez moi. J'ai envoyé de nombreuses lettres de candidature à des cabinets de cette ville et j'ai obtenu quelques entretiens. Après avoir fini mon dernier entretien, j'avais un couple d'heures à tuer avant de rentrer chez moi, j'ai donc pensé à essayer d'organiser un rendez-vous supplémentaire. J'ai trouvé une cabine téléphonique et j'ai parcouru les pages jaunes. Mes yeux se sont posés sur une entreprise dans la colonne des "B" et j'ai noté l'adresse. J'ai rapidement marché jusqu'à leurs locaux, suis allé voir la réceptionniste et je lui ai expliqué que je me présentais pour demander un stage. La réceptionniste a appelé la personne en charge du recrutement des étudiants. Il a fini par nous rejoindre et m'a escorté jusqu'à son bureau. Il m'a annoncé que sa société avait déjà embauché tous les stagiaires pour cette année, mais que les associés avaient récemment décidé de recruter un étudiant de plus. L'entretien s'est bien passé et une semaine plus tard, j'ai reçu une proposition de cette entreprise que j'ai acceptée. Je suis finalement devenu associé dans ce cabinet et ai pratiqué le droit avec eux pendant les 14 premières années de ma carrière.

À chaque fois que je repense à ces événements, je me dis que j'ai été extrêmement chanceux d'avoir trouvé cette entreprise dans les pages jaunes et d'avoir obtenu un entretien sans rendez-vous préalable. Par chance, ce cabinet avait décidé (quelques jours avant ma venue) de recruter un étudiant de plus. Je suis toujours stupéfait de cette série de coïncidences remarquables.

Il ne s'agissait ni de chance, ni de hasard. Ces "coïncidences" étaient des signes destinés à garantir que tu travaillerais dans l'entreprise adéquate. En fait, il n'y a pas de coïncidences en tant que telles sur Terre. Tous les événements qui apparaissent comme des concours de circonstances heureux sont délibérément organisés pour guider les gens sur la bonne voie.

Très souvent, quand tu arrives à un carrefour important de ta vie, tu reçois des conseils de ton Âme et de tes Guides sur le chemin à prendre. Ce peut être sous forme de pensée intuitive qui surgit dans ton esprit, une forte intuition ou un message dans un rêve. Bien que ces messages ne fonctionnent pas toujours, ils parviennent généralement à t'attirer dans la direction qui te convient le mieux.

De temps en temps, des actions plus spectaculaires sont nécessaires. Si tes actes (ou ceux des autres) conduisent à une déviation importante de ton parcours initial, une intervention physique du Monde des Esprits peut être nécessaire. Si un Plan d'Incarnation prévoit qu'un homme vive jusqu'à 84 ans et que son libre arbitre l'entraîne dans un accident de voiture mortel à l'âge de 22 ans, il pourra être sauvé de cette mort prématurée par une manipulation discrète des événements de sa vie. Par exemple, la synchronisation des feux peut être temporairement modifiée à une intersection afin qu'il doive attendre quatre secondes supplémentaires à un feu rouge, permettant de s'assurer qu'il ne se trouve pas au carrefour

suivant au moment où un autre véhicule brûle un feu rouge et évitant ainsi un accident mortel.

Ces interventions physiques sont généralement effectuées par une équipe spéciale de membres du Monde des Esprits. Beaucoup de gens ont le sentiment d'avoir échapper à de sérieuses blessures par quelque chose qui s'apparente à une "intervention divine".

Ces esprits spéciaux sont-ils comme des anges gardiens ? Certaines religions pensent que nous avons tous des anges gardiens qui veillent sur nous et qui nous protègent du danger. Peux-tu m'en dire plus sur le rôle de ces esprits particuliers ?

Les gens appellent souvent ces esprits particuliers des anges gardiens et j'utiliserai ce terme par commodité. Chacun a au moins un ange gardien pour l'aider à rester au plus proche de son Plan d'Incarnation pendant sa vie sur Terre. Ces anges gardiens envoient souvent des messages sous la forme de pensées intuitives, afin d'éviter des accidents mortels non prévus dans leur Plan d'Incarnation. Quand c'est nécessaire, ils interviennent en modifiant les événements physiques.

Je me souviens d'un jour dans mon enfance où une intervention divine a permis d'éviter le pire. Un jeune couple de notre paroisse avait donné naissance à des triplés, qui étaient tous les trois espiègles. Une nuit, quand ils avaient environ deux ans, leur père entendit un bruit venant de la cuisine, il se leva donc et parcourut le couloir éteint en direction du bruit. Quand il alluma la lumière, il trouva les triplés (qui avaient réussi à sortir de leur lit) en train de courir autour de la table de la cuisine en brandissant de grands couteaux qu'ils avaient trouvés dans un tiroir. À sa grande surprise (et à son plus grand soulagement) aucun d'entre eux n'avait la moindre égratignure. Est-ce que leurs anges gardiens les ont protégés ?

Très certainement.

Mais si les anges gardiens peuvent intervenir physiquement dans nos vies, est-ce que cela confirme la croyance bien établie que Dieu détermine ce qui se passe dans nos vies et que nous n'avons pas notre mot à dire ? Ce qui nous ramène au fatalisme.

Les anges gardiens n'imposent pas ou ne contrôlent pas tout ce qui vous arrive, ils n'interviennent que lorsque c'est nécessaire pour vous permettre de continuer votre Plan

d'Incarnation. Comme je te l'ai dit auparavant, toi comme tous les autres humains, vous pouvez librement faire des choix et parfois ces décisions vous entraînent sur un chemin qui est très différent du Plan d'Incarnation initialement prévu. Les anges gardiens interviennent, si nécessaire, pour éviter ça. Ils ne déterminent aucunement tout ce qui vous arrive et ils font tout leur possible pour éviter que leurs interventions causent des dérèglements importants dans la vie des personnes autour. Reprenons l'exemple de la synchronisation des feux de circulation : les autres véhicules situés à la première intersection devront aussi attendre quatre secondes de plus, mais ce délai n'aura aucun impact manifeste sur la vie des passagers de ces véhicules.

Si les anges gardiens sont là pour nous protéger, pourquoi est-ce que des gens meurent dans des accidents de voiture ?

Si une femme meurt dans un accident de voiture, c'est parce que son Âme à décidé qu'il était temps de quitter cette vie et de retourner dans le Monde des Esprits. Les anges gardiens de cet individu ont autorisé l'accident pour satisfaire son souhait.

Es-tu en train de dire que nos Âmes choisissent quand nous mourons?

C'est exact. Personne sur Terre ne meurt par accident. Tu mourras quand ton Âme décidera que c'est le moment, même si ton esprit ne sera pas conscient de cette décision. Ton Plan d'Incarnation comprend plusieurs "bretelles de sortie" qui sont souvent modifiées par ton Âme au cours de ta vie. Ton Âme choisira son point de sortie après avoir attentivement considéré ce qu'elle a déjà vécu et ce qui reste dans son Plan d'Incarnation. Cette décision sera prise par ton Âme seule, car ton esprit mental ne connaît pas l'agenda de ton Âme et il sera toujours enclin à rester en vie le plus longtemps possible.

Je trouve ça difficile à accepter. Je lis presque tous les jours que des personnes meurent dans des accidents de voiture, dans des fusillades ou dans des explosions de type attentat-suicide. Plusieurs membres de ma famille ou amis sont morts de crise cardiaque ou de cancer en phase terminale. J'ai du mal à croire que tous ces gens sont morts parce que leur Âme avait décidé de quitter cette vie. Souvent, les personnes qui meurent jeunes laissent derrière elles de jeunes enfants qui devront se battre durant le reste de leur vie sans l'amour et le soutien de leur mère ou leur père. La décision d'une Âme de quitter cette vie n'affecte pas uniquement la personne qui meurt – elle inflige très souvent des épreuves aux proches du défunt. Cela semble injuste pour toutes les personnes qui souffrent de cette mort.

La décision d'une Âme de quitter l'existence humaine n'est pas un choix simple et facile à faire, parce que tout le monde sur la planète est en lien avec d'autres personnes qui seront affectées par cette décision. Même si les proches seront surpris et souffriront de la mort de cet individu, leur Âme comprendra le mécanisme. Dans de nombreux cas, le point de sortie aura été envisagé au préalable dans le Plan d'Incarnation et toutes les autres Âmes auront intégré cette éventualité dans leur propre Chemin. Bien que cela puisse paraître injuste pour une petite fille de deux ans de perdre sa mère, l'Âme de l'enfant avait connaissance de cette possibilité avant de s'incarner et a façonné son Plan d'Incarnation en en tenant compte.

Comment mon Âme sait-elle quand je dois mourir ? Quels facteurs entrent en jeu pour que mon Âme décide du point de sortie à prendre?

Chaque nuit, quand tu dors, ton Âme quitte ton corps et retourne dans le Monde des Esprits pour analyser ton parcours et consulter tes Guides. Ton Âme peut décider d'un départ anticipé si ta vie est particulièrement difficile et que tu as besoin de t'en extraire dès que possible, ou si ton Âme estime que tu as déjà vécu la plupart des étapes importantes et que poursuivre dans cette existence n'apporterait guère plus. Ton Âme va régulièrement évaluer son parcours et choisira le point de sortie qui lui conviendra le mieux.

Que se passe-t-il si mon Âme décide de quitter cette vie de manière anticipée car elle ne souhaite plus faire face aux difficultés rencontrées dans cette vie, même si elles avaient été anticipées dans mon Plan d'Incarnation ?

Le moment de ta mort est le fruit d'une décision de ton Âme, mais tes Guides tenteront de la persuader de continuer dans cette vie si tu n'as pas encore atteint les objectifs établis pour ton Plan d'Incarnation. Quand ton Âme se rendra dans le Monde des Esprits chaque nuit, tes Guides Spirituels l'étreindront chaleureusement et lui offriront des paroles d'encouragement. Ils essaieront de la convaincre que ton Plan d'Incarnation est toujours valide et qu'elle regrettera d'avoir manqué certaines parties importantes en prenant une sortie anticipée. Tes Guides te rappelleront que mettre fin à cette vie pour échapper à une situation désagréable ne résoudra pas le problème, car il est très probable que tu sois amené à faire face à ces mêmes difficultés dans une autre vie, puisque c'est ce dont tu as besoin pour évoluer.

Dans ce cas, pourquoi mes Guides m'autoriseraient-ils à quitter cette vie précocement ?

Ils ne te forceront pas continuer cette vie car l'Âme est libre de prendre ses propres décisions ; ils essaieront néanmoins d'inciter ton Âme à prendre des décisions appropriées à ton Plan d'Incarnation. Ils savent que la Terre est une école difficile et que la vie peut être très rude parfois. Ils tenteront de te persuader de persévérer et de tenir bon, sachant que les difficultés finiront par passer et que ta vie deviendra plus facile à endurer par la suite.

Une analogie pourrait être utile ici. Rappelle toi de l'époque où tes amis ont envoyé leur fille dans un nouvel internat. En cours d'année, elle leur a annoncé qu'elle voulait en partir car ses camarades n'étaient pas faciles à vivre. Ses parents savaient qu'elle traversait un passage difficile mais que ça ne durerait pas. Ils ont dit à leur fille qu'elle pourrait partir de cette école, mais seulement à la fin de l'année scolaire. Bien qu'elle ne fut pas totalement satisfaite de la réponse, elle décida qu'elle s'y ferait car elle voyait la lumière au bout du tunnel. Tu connais la fin de l'histoire : leur fille a passé la fin de son année scolaire dans cet établissement et a réussi à résoudre ses problèmes. Après avoir traversé ces moments difficiles, elle ne souhaitait plus quitter cette école.

Est-ce que cela veut dire que quand une personne meurt jeune, ses Guides Spirituels n'ont pas réussi à la persuader ?

Pas nécessairement. Dans la plupart des cas, quand une personne meurt prématurément, c'est parce que ce point de sortie était prévu dans le Plan d'Incarnation et ses Guides approuvaient sa décision de quitter cette vie. De temps en temps, cependant, il arrive qu'une Âme ignore les conseils de ses Guides et quitte la vie terrestre plus tôt qu'originellement prévu. **Chaque Âme a le dernier mot sur cette question et si une Âme a raté quelque chose dans une vie, elle pourra réessayer dans une autre vie.**

Comment tout cela s'accorde avec les événements tragiques qui se produisent souvent dans nos vies ? Je me souviens avoir entendu une histoire aux informations concernant un jeune garçon écrasé par une voiture. Ses parents ne parvenaient pas à comprendre comment Dieu pouvait autoriser de telles tragédies. Leur jeune enfant n'avait rien fait de mal, il s'agissait d'un garçon gentil et jovial qui avait toute la vie devant lui.

De tels événements tragiques sont difficiles à accepter et les personnes concernées se mettront souvent en colère contre Dieu par la suite. La réalité est que l'Âme de cet enfant avait pris la décision de quitter cette incarnation. Soit cela faisait partie intégrante du Plan d'Incarnation qu'il avait planifié dans le Monde des Esprits, soit cela résultait d'une modification de son Plan d'Incarnation faite par son Âme après sa naissance. Son Âme avait de bonnes raisons de s'incarner dans cette vie et de la quitter à seulement quatre ans, même si ces raisons ne sont pas évidentes pour sa mère et son père. Il voulait peut-être faire une expérience qui ne nécessitait que quatre années sur Terre ou peut-être qu'il ne cherchait rien pour sa propre évolution et qu'il s'est incarné pour aider d'autres personnes (comme ses parents) dans leur vie terrestre.

Une grande partie de la souffrance et de la détresse des parents était liée au fait que leur enfant n'avait pas eu la chance de vivre pleinement avant sa mort. Cela semblait injuste, voire cruel, pour les parents.

Si ses parents avaient eu connaissance des vérités dont nous discutons, ils n'auraient pas été si bouleversés. S'ils savaient que leur fils n'était pas parti pour toujours et qu'il les attendait dans le Monde des Esprits, cet accident tragique aurait été plus facile à accepter. Si tu envoies ton enfant en colonie de vacances l'été, il est naturel d'être triste de le voir partir et il te manquera pendant cette période. Mais tu te consoleras en sachant que la séparation n'est que temporaire et qu'il sera de retour quelques semaines plus tard. De la même manière, si tu comprends que ton enfant décédé est parti dans le Monde des Esprits et que vous vous retrouverez

à ta mort, tu ressentiras de la tristesse du fait de la séparation temporaire mais pas la souffrance profonde que tu éprouverais en croyant ne jamais le revoir.

Après avoir parlé de cette tragédie, l'information suivante relatait le jugement du chauffard ivre qui avait écrasé le jeune garçon. Le chauffeur a été déclaré coupable et condamné à trois ans de prison. Les parents de l'enfant étaient en colère contre la peine légère reçue par cet homme, ayant le sentiment que justice n'avait pas été faite. En réfléchissant à ce qui s'était passé, je me suis demandé pourquoi les parents étaient si furieux face à cette sentence. Il était clair qu'ils souffraient toujours énormément de la perte de leur fils, mais ce dernier était décédé et rien ne pourrait changer cela.

Cela provenait sans doute d'un besoin de se venger. Ils avaient le sentiment que le chauffeur était en tort et devait payer pour son crime. De telles émotions ne sont pas nécessaires et elles ne rendent jamais service. Leur réaction a montré leur manque de connaissances sur ce qui s'est réellement produit ; l'Âme de leur fils est partie de son plein gré et il a désormais rejoint le Monde des Esprits en attendant de retrouver ses parents lorsqu'ils quitteront eux-mêmes cette vie.

Si cela pouvait être connu et accepté par tous les parents qui vivent de telles situations, il leur serait plus facile de faire face à ces tragédies. Pourquoi ne pas avoir donné ce message à tout le monde avant aujourd'hui ?

Tout dépend de ce que l'Âme a prévu dans son Plan d'Incarnation et du niveau d'évolution des sociétés dans lesquelles elle décide de s'incarner. De nombreuses sociétés ne sont pas encore prêtes à accepter ce que je viens de te dire et mon message tomberait dans l'oreille de sourds. Quand ton Plan d'Incarnation a été conçu, les Sages ont estimé que le temps était venu pour ta société d'entendre les vérités dont nous parlons et nous avons accepté de te transmettre ces messages pour que tu puisses les faire connaître aux autres. De nombreuses personnes entendront ces vérités mais beaucoup d'autres les rejetteront. Cependant, peu importe ce qui se passe sur Terre, une fois que chacun meurt et retourne au Monde des Esprits, il redécouvre la vérité connue de tous dans l'autre monde.

Comment suis-je censé communiquer ces vérités aux autres ?

Tu écriras un livre sur nos échanges.

Chapitre Trois :
Vaincre le Diable

J'étais abasourdi qu'Albert envisage que j'écrive un livre sur nos échanges pour propager ce message aux autres. Je n'avais jamais écrit de livre et cette idée était quelque peu intimidante. Je me demandais pourquoi Albert n'avait pas choisi un auteur accompli, tel que Stephen King ou John Grisham pour écrire son livre. Mieux encore, pourquoi Albert ne s'était-il pas débrouillé pour participer à l'émission télévisée d'Oprah ou d'Ellen pour faire passer son message ? J'en conclus qu'il devait avoir une bonne raison pour ça et je décidai de poursuivre nos conversations, espérant que cette histoire d'écrire un livre se résoudrait d'elle-même par la suite.

Comme mes premières séances avec Albert semblaient avoir soulevé davantage de questions que fourni de réponses, j'étais désireux de poursuivre nos échanges.

Albert, tu m'as dit que, dans le Monde des Esprits, ni le diable ni les émotions négatives n'existent. Puisque toutes les Âmes proviennent du Monde des Esprits, pourquoi les gens ici sont souvent cruels ou blessants avec les autres ? Pourquoi y a-t-il tant de souffrances et douleurs sur Terre ? Pourquoi la Terre ne ressemble-t-elle pas davantage au Monde des Esprits ?

Si la Terre était semblable au Monde des Esprits, il n'y aurait aucune raison pour les Âmes de venir s'incarner sur cette planète. La Terre se trouve dans une partie de l'univers située dans la sphère de basses vibrations et de matière dense. Elle possède des climats divers et certains lieux sont très rudes pour ses habitants. Les humains ont besoin d'oxygène, de nourriture, d'eau et d'un abri pour survivre et l'absence d'un seul de ces éléments peut engendrer une gêne, la souffrance ou la mort. La Terre ne possède pas assez de nourriture ou d'eau potable pour tous les habitants et ceci provoque des conflits entre les humains, quand ceux qui manquent de ces ressources essentielles essayent de les prendre chez d'autres.

La Terre est une école qui offre aux Âmes la possibilité de faire l'expérience de choses qui n'existent pas dans le Monde des Esprits. Les Âmes de l'autre côté n'ont pas besoin de manger, de boire, de respirer, de trouver un abri ou d'accumuler de la richesse ou des biens matériels. De plus, il n'y a pas de gêne physique, de maladie ou de souffrance dans le Monde des Esprits. Tout ce qu'une Âme désire de l'autre côté peut être instantanément créé par le pouvoir de la pensée. Par conséquent, il n'y a aucun manque dans le Monde des Esprits et aucune émotion négative. On ne peut y trouver la colère, la jalousie ou la peur - seulement l'amour et la joie.

La Terre est un lieu où les Âmes peuvent s'incarner pour faire l'expérience des conditions de vies rudes qui existent sur ta planète, des difficultés qui résultent de ces conditions, ainsi que des émotions négatives qui en découlent. Ces épreuves physiques émanent de la vulnérabilité des corps humains face à la blessure ou à la maladie et à l'interaction des humains avec leur environnement physique. Les émotions négatives souvent générées par les humains découlent de leurs réactions face à ces conditions difficiles et de leurs relations avec les autres humains. Les gens ressentent de l'inconfort ou de la douleur s'ils ont faim ou soif ou s'ils souffrent de blessure ou de maladie. La peur et l'anxiété naissent quand ils s'inquiètent de trouver de la nourriture ou un abri pour leur famille ou d'éviter la maladie. L'envie et la jalousie apparaissent lorsqu'une personne réalise que d'autres possèdent plus de biens qu'elle, ce qui conduit aussi à la colère et à la haine. Ces émotions négatives sont souvent les résultantes d'actions malfaisantes d'humains envers d'autres humains.

Es-tu en train de m'expliquer que la Terre a été conçue pour fournir aux humains des conditions de vie rudes, afin que ceux-ci y réagissent souvent d'une manière négative ?

Exactement. Tout comme une école de survie est conçue pour plonger les étudiants dans des conditions difficiles afin de leur enseigner comment survivre et s'en sortir sain et sauf, la Terre a été conçue comme un endroit où les Âmes éprouvent ses conditions de vie rudes et les émotions négatives qui en résultent, à la fois en les émettant et en les recevant.

L'un des plus grands défis des Âmes sur Terre est d'apprendre à contrôler les émotions négatives qu'elles ressentent, en réaction aux événements du quotidien ou en réaction aux actes des autres, qui se débattent avec leurs propres émotions négatives. Les gens blessent souvent les autres parce qu'ils réagissent de manière négative aux blessures ou aux maladies, à leurs conditions de vie difficiles ou aux actes et émotions des autres. Si tu as faim, tu pourrais voler du pain à quelqu'un et le blesser pendant l'événement. La personne que tu as volée pourrait te blesser par vengeance. Les membres de ta famille, à leur tour, pourraient chercher à se venger, et ainsi de suite... Donc, pourquoi y a-t-il de la souffrance et de la douleur dans ton monde ? Les humains ressentent le mal et la souffrance à cause de leurs rudes conditions de vie et des maladies et blessures de leur corps; ce qui génère souvent des émotions négatives et des attitudes blessantes envers les autres. Les gens ne sont pas obligés de réagir négativement à tous les événements qui les entourent, mais bien trop souvent au cours de l'histoire de l'humanité, ça a été ainsi. La réaction humaine face à des événements difficiles n'est pas uniforme; certaines personnes ont appris à contrôler leurs émotions et causent rarement du tort, alors que d'autres ne possèdent qu'un faible contrôle d'eux-mêmes et infligent souvent des blessures physiques ou émotionnelles aux autres humains.

Pourquoi Dieu créerait-il un lieu avec un tel potentiel d'actes négatifs?

La Terre a été créée comme un lieu où les Âmes peuvent être confrontées aux divers défis qu'elle peut proposer, ce qui n'est pas possible dans le Monde des Esprits. Ces défis offrent aux Âmes l'opportunité d'apprendre et de gagner en sagesse, ce qui leur permet d'évoluer. Les Âmes sont parfaitement conscientes des conditions de vie sur Terre avant de décider de s'incarner, ce n'est donc pas une surprise. Dieu espère que les Âmes qui s'incarnent sur Terre soient capables d'apprécier toutes les beautés que la planète a à offrir, mais Il sait qu'elles devront aussi endurer les mauvais aspects de ton monde. C'est un tout.

C'est comme les parents sur Terre. Ils font leur maximum pour faire découvrir à leurs enfants toutes les activités plaisantes possibles, comme caresser un chaton, faire du toboggan sur une colline, patauger dans les vagues ou sentir le délicieux parfum d'une rose. Ils prennent plaisir à regarder leurs enfants apprendre et grandir à travers ces joyeuses expériences, mais ils savent qu'en dépit de tous leurs efforts, ils ne pourront pas les mettre à l'abri des événements pénibles et douloureux que les humains endurent.

Comme les Âmes traversent toutes les facettes de la vie à travers différentes incarnations, elles continuent à apprendre, à gagner en sagesse et à évoluer. La plupart des Âmes ont besoin de plusieurs vies avant d'atteindre le stade auquel elles n'ont plus besoin de s'incarner sur Terre pour évoluer au niveau suivant.

C'est difficile de comprendre pour les humains que les Âmes progressent, et ce à des rythmes différents. Le niveau des préoccupations humaines a beaucoup changé depuis leur arrivée sur Terre. Dans les premiers temps, les hommes primitifs réagissaient de manière très élémentaire aux événements autour d'eux. Ils vivaient dans une société sauvage qui était pour citer Thomas Hobbes, "...désagréable, brutale et courte." Il était courant à l'époque de se mettre en colère contre ceux qui volaient leur nourriture. Cela se terminait souvent en altercations physiques. À l'heure actuelle, certaines personnes ont de la compassion dans ces situations et ne cherchent pas à obtenir réparation. Ceux qui contrôlent leurs réactions dans de tels cas aujourd'hui auraient pu devenir violents à l'encontre d'un voleur dans une vie antérieure à l'âge de pierre. La différence entre ces deux réactions est considérée comme le progrès fait par ces Âmes.

Est-ce que les Âmes du Monde des Esprits peuvent délibérément planifier d'effectuer des actions malveillantes dans leur Plan d'Incarnation ?

Dans la plupart des cas, les Âmes ne prévoient pas, dans leur Plan d'Incarnation, d'agir de façon méchante ; elles savent cependant que cela peut arriver en réagissant aux événements physiques ou émotionnels auxquels elles seront confrontées dans leur vie. Les Âmes incluent souvent des défis et des tentations dans leur Plan d'Incarnation pour se tester. Elles espèrent qu'elles seront capables de contrôler leurs émotions et de ne pas commettre d'actions malveillantes, mais elles savent qu'elles peuvent échouer. Une Âme planifiera dans son Plan d'Incarnation des défis qui lui sont adaptés, en prenant en compte son niveau de confiance et de développement. Si une Âme n'a pas réussi ces tests dans une vie précédente, elle inclura des tentations dans les vies suivantes afin de pouvoir régler ce point et passer à autre chose.

Il peut néanmoins arriver parfois qu'une Âme inclue des actions malfaisantes dans son Plan d'Incarnation à la demande d'une autre Âme, pour aider cette dernière à faire l'expérience de ce dont elle a besoin. Par exemple, si une Âme veux découvrir ce que c'est d'être abandonnée par un parent durant l'enfance, cette Âme pourra demander à une autre Âme de son groupe de jouer le rôle du parent pour satisfaire son besoin. Dans ce cas, l'Âme qui accepte d'endosser cette mission inclura délibérément d'abandonner son enfant dans son Plan d'Incarnation.

La plupart du temps, les Âmes ne prévoient pas d'effectuer de mauvaises actions. Ces dernières résultent souvent du fait qu'elles s'éloignent de leur chemin en exerçant leur libre arbitre en réponse aux événements de leur vie. Ces actes décidés sur Terre avec le libre arbitre causent souvent des tourments dans les vies de ceux qui sont impliqués, ainsi que des blessures physiques ou émotionnelles dans de nombreux cas. Par moments, les actes individuels peuvent créer des déviations importantes sur le chemin que les Âmes avaient espéré prendre ou avaient prévu de suivre. Mais les Âmes savent que si elles se sont vraiment égarées, elles pourront revenir sur Terre pour tenter leur chance à nouveau.

Qu'en est-il de Satan dans cette conception ? De nombreuses religions pensent que le diable est la source première du mal.

Satan n'existe pas. Il a été créé par des dirigeants religieux comme point focal de tout le mal, une entité qu'il faut craindre et dénigrer. Ils ont ainsi pu expliquer à leurs fidèles pourquoi des événements vraiment horribles leur arrivaient – ils pouvaient accuser le diable. Les religions utilisent souvent le diable comme moyen de contrôler leurs membres. Leurs prêtres prêchent qu'une personne doit être bonne et suivre les règles imposées par leur religion, sinon le diable les emportera en enfer à tout jamais. Maintenir leurs assemblées de fidèles dans la peur du diable est un avantage pour eux, car cela encouragera les fidèles à aller à l'église pour leur protection et leur salut.

Il ne fait aucun doute que des choses abominables se produisent sur Terre, mais elles ne sont pas causées par le diable. Les humains peuvent vivre des peines et des souffrances du fait des blessures, des maladies ou des événements liés aux conditions physiques de ta planète (tels que les volcans, les ouragans, les tremblements de terre et les incendies), qui conduisent généralement à des réactions négatives et à des actions nocives. Ces facteurs sont les conséquences naturelles de la vie humaine sur la planète Terre. La fragilité du corps humain et les conditions physiques de ton monde ne sont pas fondamentalement mauvaises ; elles sont ce qu'elles sont du fait de l'évolution naturelle des humains et des caractéristiques physiques de la planète.

Les réactions humaines face à ces événements de leur vie ne doivent pas nécessairement être négatives ou nocives. Chacun peut choisir de réagir de manière positive aux situations auxquelles il est confronté.

Je suis soulagé d'entendre que le diable n'existe pas. J'avais déjà réalisé que les prêtres catholiques étaient relativement incohérents quant à leurs croyances sur Satan. Ils expliquent en permanence que Dieu est tout-puissant et qu'il n'y a rien qui Lui soit impossible. Si c'est vrai, alors pourquoi ne peut-il pas vaincre Son rival, le diable ?

La cohérence, la logique, n'a jamais été le point fort de la plupart des prêtres catholiques. Satan a joué et joue un rôle utile dans leur système de croyance et ils sont très habiles pour éluder les questions qui n'ont pas de réponses logiques. Ils espèrent ardemment que personne ne sera assez courageux pour crier que le roi est nu.

Puisque la plupart des mauvaises choses qui se produisent sur la planète sont causées par les actions des humains, souvent en désaccord avec les souhaits de leur Âmes, j'ai une question fondamentale pour toi. Pourquoi les Âmes ne peuvent-elles pas contrôler leur corps humain ? Quand une Âme s'incarne dans un humain, pourquoi semble-t-elle être seulement une observatrice des choix de ce corps humain ? Pourquoi les humains ne suivent-ils pas les instructions de leur Âme pour vivre conformément à leur Plan d'Incarnation ?

Les humains sont composés de trois éléments : le corps, le mental et l'esprit. Le corps et le mental sont les aspects physiques de l'individu et l'Âme est l'esprit. En tant qu'humain, tu es parfaitement conscient de ton corps et de ton mental. Le mental (le cerveau) est la partie qui pense et ressent ; il contrôle les mouvements de ton corps et organise et analyse les informations sensorielles reçues par ton corps. Il est à l'origine de tes émotions et sert de lieu de stockage à tes souvenirs.

Ton mental n'a pas conscience de ton Âme. Ton cerveau reçoit des messages de ton Âme sous forme de pensées intuitives et de sentiments, mais il n'entend ou ne comprend pas toujours ces messages. Souvent, quand ton mental reçoit un message de ton Âme, il n'en suit pas les conseils parce qu'il n'a pas conscience de la provenance du message ou il conclut que le conseil est mauvais.

Ton Âme est comme un observateur qui occupe une forme humaine (corps et mental) pendant son incarnation. Elle est capable de ressentir tout ce que ressent ton corps à travers ses sens physiques, ainsi que toutes les pensées et émotions qui agitent ton mental au quotidien. Ce sont ces choses dont ton Âme est venue faire l'expérience dans la vie sur Terre. Quand tu meurs et retournes dans le Monde des Esprits, ton mental se fondra dans ton Âme et ton Âme mémorisera tout se qui s'est produit dans ta vie. Une fois de retour dans le Monde des Esprits, ton Âme retrouvera accès à toutes les connaissances qu'elle possédait avant son incarnation et se souviendra de toutes ses vies antérieures sur Terre. Elle conservera ta personnalité unique qui évolue au fil des incarnations.

Cela ressemble à ce qui se passe dans le film Avatar, dans lequel un terrien peut insérer sa conscience dans le corps d'un extraterrestre bleu et devient lui aussi un de ces êtres dans ces moments. Quand l'alien s'endort, sa conscience retourne de son corps terrestre jusqu'à ce qu'il soit réintroduit dans le corps de l'alien.

Ton analogie est proche mais pas totalement exacte. Dans Avatar, la conscience humaine occupe et contrôle totalement le corps de l'alien, qui ne possède pas simultanément de mental à proprement parler. De plus, quand l'esprit de l'humain habite le corps étranger, il conserve tous les souvenirs de sa vie terrestre et a connaissance de ce qu'il doit accomplir. Dans la vie réelle, ton Âme n'a pas le contrôle total de ton corps – c'est ton mental qui le possède. Ton Âme doit tenter, autant qu'elle le peut, d'influencer ton cerveau, ce qui est bien plus difficile puisque ton mental n'a pas d'accès direct aux mémoires de tes vies antérieures ou à celles que ton Âme possède dans le Monde des Esprits.

Pourquoi mon Âme ne peut-elle pas exercer un contrôle direct sur mon corps ? Pourquoi est-ce que je possède un mental qui semble pouvoir fonctionner par lui-même ?

Tout ceci est volontaire. Il y aurait peu d'intérêt pour ton Âme de s'incarner dans un corps humain si elle pouvait en contrôler totalement le corps et l'esprit, parce qu'elle ne vivrait pas les situations qu'elle cherche à découvrir. Par exemple, si les Âmes pouvaient contrôler leurs émotions en tant qu'humains, elles ne pourraient pas faire l'expérience des émotions négatives que la plupart des humains génèrent dans une vie ordinaire.

Pour te permettre de comprendre ceci plus facilement, prenons l'exemple d'un toréador en Espagne. Quand il entre dans l'arène, il essaie d'éviter d'être encorné ou piétiné par le taureau à travers une série de manœuvres avec sa cape, destinées à influencer les mouvements du taureau. Le matador sait qu'il est possible que le taureau ne réagisse pas de la manière escomptée et qu'il peut être tué. Mais cela n'aurait aucun sens pour un torero d'entrer dans l'arène s'il pouvait totalement contrôler les mouvements du taureau, puisqu'il n'y aurait alors aucun défi, aucun danger.

De la même manière, les Âmes s'incarnent sur Terre en sachant qu'elles n'ont pas le contrôle total de leur forme humaine, ce qui représente pour elles un défi notable. Les Âmes essaieront d'influencer les décisions et les actes humains mais elles n'y parviendront pas toujours (la seule exception à cette relation mental/Âme est que l'Âme prend toujours seule la décision finale de quitter cette incarnation et n'a pas besoin de coopérer avec le mental pour la mettre en œuvre). Les Âmes qui sont nouvelles sur Terre ont plus de difficultés à exercer leur influence que les "vieilles" Âmes (Âmes ayant de nombreuses vies antérieures) qui le font plus facilement. Une femme qui vit dans l'amour et la compassion est généralement l'incarnation d'une vieille Âme qui a appris à influencer efficacement les actions de son mental humain.

Si je comprends bien ce que tu dis, les Âmes qui s'incarnent sur Terre sont à des degrés divers de développement au niveau terrestre. Certaines Âmes sont nouvelles sur Terre, d'autres se sont incarnées de nombreuses fois et je suppose que la plupart des Âmes se trouvent quelque part entre les deux.

Tu as bien compris. La Terre est comme une école, où certains élèves sont en CP et d'autres en 3ème. Les plus âgés sont sur le point d'être diplômés et de rejoindre une nouvelle école, alors que les élèves de CP vont poursuivre leurs apprentissages à travers les différents niveaux, jusqu'à ce qu'ils soient diplômés à leur tour. Toutes les Âmes n'avancent pas à la même vitesse sur le plan terrestre. Certaines Âmes peuvent avoir besoin de moins de vies que d'autres pour achever leur cycle. Tout dépend de ce que l'Âme a prévu dans ses Plans d'Incarnation et de la vitesse à laquelle elle apprend à influencer et maîtriser les humains qu'elle habite.

Ainsi, une Âme peut décider du rythme de ses apprentissages, tout comme un étudiant à l'université peut choisir moins de matières et être diplômé après les autres étudiants. Pourquoi une Âme choisirait-elle un chemin plus long pour achever son cycle ?

Contrairement à la vie sur Terre, les Âmes dans le Monde des Esprits ne sont pas concernées par le tic-tac de l'horloge. Les personnes sur Terre sont souvent pressées, excessivement inquiètes du temps qui passe. La plupart des gens pensent qu'ils ne peuvent pas s'autoriser le luxe de prendre sept ans pour compléter un cycle universitaire qu'ils pourraient achever en quatre ans. Les humains savent que leur horloge biologique tourne en permanence et ils se sentent obligés d'accéder rapidement aux différents stades de leur vie pour être en mesure de vivre le plus pleinement possible. Si des étudiants s'attardent trop à l'université, cela retardera leur entrée dans la vie active et leur capacité à gagner de l'argent, à acheter une maison et à avoir des enfants. Si une femme attend trop longtemps pour donner naissance à des enfants, son horloge biologique pourrait compliquer voire rendre dangereuse une grossesse tardive.

Le Monde des Esprits n'est pas soumis au temps linéaire tel qu'il existe sur Terre. Cela ne fait aucune différence si une Âme achève son cycle terrestre en 51 ou 234 vies. Les Âmes ont "tout le temps du monde" pour vivre leurs incarnations et relever leurs défis. Par conséquent, une Âme peut choisir un rythme plus lent pour son évolution et aura besoin de s'incarner un plus grand nombre de fois pour compléter son cycle.

Personnellement, l'idée que je sois obligé de revenir sur Terre pour d'autres incarnations est quelque peu effrayant. Je trouve parfois la vie ici très difficile et ces moments me semblent plus fréquents que les bons. Quand je regarde ma vie, je suis reconnaissant d'être où j'en suis à présent et je n'aimerais pas retourner en arrière ni revivre aucun moment passé de cette existence. Donc l'idée de revenir sur Terre après cette incarnation et d'assumer une autre vie n'est guère séduisante. Qui détermine le moment où une Âme termine son cycle ? Est-il obligatoire pour toutes les Âmes d'achever leur cycle ou peuvent-elles choisir d'abandonner avant la fin ?

Chaque Âme détermine elle-même quand son cycle est achevé et quand elle est prête à passer à d'autres aventures ailleurs. Les réussites nécessaires pour clore ce cycle sont variables et elles ne sont ni établies par Dieu ni par quiconque du Monde des Esprits. Les Âmes peuvent décider d'en finir avec leurs incarnations sur Terre à n'importe quel moment, même si elles n'ont pas totalement complété leur cycle.

Y a-t'il des Âmes qui ne quittent jamais le Monde des Esprits pour s'incarner sur Terre ?

Oui, il y en a, puisque chaque Âme prend seule la décision de s'incarner après avoir consulté les Sages et autres Âmes de sa famille d'Âmes. Certaines Âmes se sont déjà incarnées de nombreuses fois sur Terre et n'ont plus besoin d'y revenir. D'autres ont trouvé la vie sur Terre si pénible qu'elles choisissent de ne plus recommencer. D'autres encore n'ont jamais vécu sur Terre et choisissent de rester dans le Monde des Esprits ou de s'incarner sur une autre planète.

Y a-t'il un moyen pour moi de convaincre mon Âme de ne pas revenir ici ?

La plupart des humains ressentent la même chose. Mais une fois encore, tu dois te rappeler que tu vois actuellement les choses sous la perspective humaine. Quand tu mourras et que tu retourneras dans le Monde des Esprits, tu verras les choses bien différemment. Du point de vue du Monde des Esprits, la perspective d'avoir d'autres incarnations sur Terre n'est pas du tout intimidante. Pour le Monde des Esprits, la durée d'existence typique d'un humain ressemble à un battement de cil. Quand tu pars pour une incarnation, tu sais que tu seras de retour en un rien de temps et que les épreuves que tu auras rencontrées ne seront plus qu'un souvenir. Les Âmes prévoient leurs incarnations car elles ont soif d'aventures, comme des personnes peuvent décider de gravir une montagne ou de courir un marathon. Elles sont conscientes des difficultés physiques qu'elles vont éprouver au cours de cette activité, mais elles sont décidées à accepter ces inconforts pour atteindre leur but et apprendre de leur parcours.

Si tu veux vraiment éviter de revenir sur Terre pour d'autres incarnations, tu peux t'aider grâce aux actes effectués dans cette vie. **Bien que tu ne saches pas ce que ton Âme a inclus dans ton Plan d'Incarnation, tu peux choisir maintenant de réagir positivement aux divers événements de ta vie, quels qu'ils soient. Si tu parviens à vivre ta vie avec beaucoup d'amour et de compassion et que tu apprends à contrôler des émotions négatives pour ne pas blesser physiquement ou émotionnellement les autres, tu aideras ton Âme à progresser dans son cycle. En d'autres mots, si tu vis comme un saint, tu aides ton Âme à atteindre ses objectifs et à achever son cycle sur le plan terrestre.**

Ça a l'air simple quand tu le dis, mais le séjour ici n'est pas une sinécure. Je me demande souvent à quoi pensait mon Âme quand elle a décidé de s'incarner ici une nouvelle fois.

Ton Âme sait exactement ce qu'elle fait même si ton mental ne le comprend pas. La Terre est une école difficile et généralement seules les Âmes qui possèdent une expérience des plans plus denses oseront s'y aventurer. Le fait que tu vives sur Terre à l'heure actuelle devrait te rassurer sur le fait que tu n'es pas novice dans le cycle d'incarnation. À la fin de cette vie, tu pourras choisir de ne plus revenir ici-bas, mais tu ne prendras cette décision qu'une fois de retour dans le Monde des Esprits quand ta vision des choses sera toute autre.

Chapitre Quatre :
La Traversée vers le Monde des Esprits

En repensant à tout ce qu'Albert m'avait dit jusqu'à présent, je trouvais réconfortante l'idée que je rejoindrais le Monde des Esprits à ma mort, même si des inquiétudes persistaient sur le processus même. De nombreuses personnes meurent violemment dans des accidents de voiture ou autres mésaventures, certains meurent lentement d'un cancer en phase terminale et quelques bienheureux meurent pendant leur sommeil. Je me demandais si les circonstances propres de la mort physique faisaient une différence ou si le processus était le même pour tous. Pour la plupart des gens, quelles que soient leurs croyances, la perspective de la mort physique est effrayante. J'avais hâte d'entendre ce qu'Albert avait à dire sur la mort.

J'ai quelques questions pour toi, Albert, sur le processus de mort physique des humains. Une de mes préoccupations depuis ma plus tendre enfance concerne la mort et les circonstances qui créent la mort. Est-ce que la mort sera douloureuse ? Serai-je calme et serein ou anxieux et effrayé ?

Ce sont des questions que la plupart des gens se sont posées à un moment ou à un autre. Même ceux qui sont fermement convaincus qu'ils iront au paradis craignent souvent la mort.

Laisse-moi t'assurer que la mort physique et le passage dans le Monde des Esprits est une expérience joyeuse et exaltante pour presque tout le monde, mais la traversée peut quelque peu varier d'une personne à une autre. Le plus souvent, les Âmes rejoindront rapidement le Monde des Esprits une fois libérées de leur enveloppe physique, en passant par un tunnel qui les conduit à une lumière. Quand ils sortiront du tunnel, leurs proches et amis qui sont déjà de l'autre côté les accueilleront chaleureusement. Ces Âmes apparaîtront tout

d'abord avec l'apparence qu'elles avaient sur Terre pour que l'Âme nouvellement rentrée puisse les reconnaître immédiatement. La fête de bienvenue couvrira l'Âme d'amour inconditionnel pour s'assurer que la transition de la Terre au Monde des Esprits soit joyeuse et euphorique.

Pour te donner une idée plus précise de ce qui t'attend, imagine-toi en train de progresser péniblement dans une forêt dense en plein hiver, désespérément perdu. C'est la nuit, il fait un froid de canard et tu marches dans la neige jusqu'à mi-genoux. Tu as faim, tu es épuisé et inquiet à l'idée de ne jamais parvenir à sortir de la forêt. Tout à coup, tu aperçois une cabane en rondins juste devant, avec la porte d'entrée grande ouverte. Debouts devant la porte, te faisant le signe d'entrer, se trouvent tes parents et tes grand-parents. Derrière eux, dans la cabane, tu découvres une belle flambée dans la cheminée et tu sens l'odeur de pain fraîchement cuit et d'un copieux ragoût mijotant sur la gazinière. Tu pénètres dans la cabane conviviale et reçois les embrassades chaleureuses de ta famille. Tu savoures tout cet amour qui pénètre tout ton être et tu te délectes d'être désormais en sécurité à l'intérieur de cette cabane. Cela ressemble au sentiment que tu vivras quand tu mourras et passeras dans le Monde des Esprits, sauf que ton retour dans le Monde des Esprits sera encore bien plus réjouissant.

La description que tu fais de cette transition est très rassurante, mais il me reste quelques inquiétudes tenaces concernant ma mort physique. Est-ce qu'elle sera pénible ou douloureuse ?

En ce qui concerne les circonstances de ta mort, ton passage se fera de manière paisible et sans douleurs. Tu souffriras peut-être de douleurs avant le début de ta traversée ; cependant, dès que ton Âme décidera de transiter, tu quitteras ton corps avant ta mort physique réelle et tu ne ressentiras aucune douleur ou gêne.

Et qu'en est-il si je meurs de blessures causées par un accident de voiture ? Ne vais-je pas souffrir énormément avant de finalement mourir ?

Dans cette situation, ton Âme saurait que ta mort physique est proche et elle quitterait ton corps juste avant l'accident sans ressentir l'impact ou une quelconque douleur liée aux blessures. **Tu observerais alors les derniers moments de ta vie en étant hors de ton corps, sans crainte ni anxiété, comme si tu te voyais dans un film où tout se passe au ralenti. Ton corps pourrait se tordre ou hurler de douleur, mais ton Âme ne l'habiterait déjà plus – seule ton enveloppe humaine demeurerait – et tu n'aurais pas à souffrir de ces derniers instants en tant qu'humain. Ce sera le cas pour tous types de circonstances qui pourraient causer ta mort, qu'elles soient traumatisantes ou non.**

Je me suis souvent dis que mourir noyer devait être atroce. Je peux imaginer la terreur qui m'envahirait en disparaissant sous les vagues – suffocant alors que mes poumons s'empliraient d'eau.

Si tu devais mourir noyé, tu ne ferais pas l'expérience de la panique que tu imagines, car ton âme aurait quitté ton corps avant ta mort. Même si cela semble difficile à accepter pour toi, tu dois comprendre que la mort physique du corps humain n'est jamais douloureuse ou éprouvante, peu importe les circonstances qui causent ton décès.

Tu as mentionné que je pourrais ressentir de la douleur dans ma vie avant de commencer la traversée vers le Monde des Esprits. Pourquoi puis-je ressentir la douleur en dehors du processus de mort ?

La douleur est une des réalités avec lesquelles tu vis en tant qu'humain, tout comme la faim et la soif sont des choses auxquelles tu peux être confronté dans ta vie. Tous ces désagréments physiques, ainsi que les désagréments émotionnels tels que la haine, la colère et la peur, sont présents à un certain degré dans la plupart des vies humaines. Ton Âme peut ressentir le besoin de connaître la douleur pour compléter sa connaissance et évoluer (Rappelle toi de mon analogie avec l'enfant du Kenya qui possédait la connaissance intellectuelle du grand froid mais qui avait besoin d'aller en Alaska en janvier pour ressentir le froid. Puisque la douleur physique ou émotionnelle n'existe pas dans le Monde des Esprits, la seule manière de connaître la douleur est d'en faire l'expérience sur Terre). Les gens qui vivent dans la souffrance ne choisissent pas consciemment de vivre dans la douleur, mais leurs Âmes ont fait ce choix. Les raisons ne deviendront

apparentes pour toi que lorsque tu auras rejoint le Monde des Esprits.

Tu as dit que la traversée vers le Monde des Esprits peut varier quelque peu d'une personne à une autre. Est-ce parfois désagréable ?

En de rares cas, selon les croyances de la personne avant sa mort, la transition peut être désagréable. Dans le Monde des Esprits, les Âmes peuvent créer leur propre environnement et en changer dès qu'elles le souhaitent grâce à la pensée créatrice. Certaines personnes ont des croyances très arrêtées sur ce qui va se produire après leur mort et cela peut les amener à créer pour elles-mêmes, immédiatement après leur mort, un environnement qui correspond à leurs attentes.

Par exemple, celles qui ont la forte conviction qu'elles iront en enfer après leur mort peuvent □omen un tel endroit qui les attend à leur mort. Cela ne durera qu'un court instant car leurs Guides Spirituels les convaincront que □omento les a pas condamnées à ce lieu et qu'elles peuvent le quitter à n'importe quel □omento. Une fois ce message compris, elles quitteront leur "enfer" et rejoindront un lieu plus joyeux dans le Monde des Esprits. Très peu d'Âmes subissent ce désagrément temporaire – cela n'arrive qu'aux personnes qui refusent obstinément d'accepter les réalités du Monde des Esprits afin de pouvoir s'accrocher à leurs croyances terrestres. Ces Âmes ne sont pas laissées errantes dans ces lieux sans raisons. Elles finiront par réaliser la traversée complète jusqu'à l'amour et la joie du Monde des Esprits.

J'accepte ce que tu as dit sur la mort physique et le passage dans le Monde des Esprits, mais je crains toujours le processus. Pour moi, c'est comme franchir un seuil et tomber dans des abysses profondes et sombres, sans savoir ce qu'il y a derrière et ce qui m'attend.

Un très bon ami a dernièrement traversé une période effrayante dans sa vie. Les résultats de ses tests sanguins annuels ont montré une anomalie dans son sang, qui peut être due à un myélome (un cancer des os). Alors qu'il attendait les résultats des examens complémentaires demandés par le médecin (qui se sont finalement avérés négatifs), il était très inquiet à l'idée d'avoir un cancer. J'ai fait de mon mieux pour le rassurer et l'encourager, lui disant de ne pas s'inquiéter. Il m'a écouté poliment et m'a répondu "C'est facile à dire pour toi. Ce n'est pas toi qui doit faire face à un cancer mortel".

Quand j'ai repensé à ce que je lui avais dit, j'ai dû reconnaître qu'il avait raison. J'aurais un tout autre point de vue si j'étais celui qui était confronté à la mort. Ce serait encore vrai actuellement, Albert, même en sachant tout ce que tu m'as expliqué sur l'après-vie. Pourquoi est-il si difficile pour les humains d'envisager leur propre mort ?

C'est en grande partie dû aux aspects physiques de l'être humain, à savoir le corps et le mental. Instinctivement, les humains, comme les animaux, ont un fort désir de survie. Les humains possèdent aussi une strate additionnelle à leur mental, capable de penser et de ressentir, d'envisager le futur et d'anticiper les événements à venir. Le cerveau humain a du mal à appréhender ce qui lui arrive quand son corps physique meurt. Le mental est si attaché au corps qu'il lui est difficile d'envisager de le laisser pourrir dans une tombe. Cela reste vrai même pour les personnes convaincues que leur Âme quittera leur corps et ira au paradis. Peu importe leurs croyances, les humains auront toujours quelque part en tête le doute tenace qu'ils se sont peut-être trompés et qu'il n'y a rien après la mort.

C'est tout à fait normal et c'est une composante importante de la vie humaine sur ta planète. L'incertitude quant à ce qui t'arrive à ta mort et ce qui en découle, engendre souvent de la peur et de l'anxiété, qui peuvent générer d'autres émotions négatives au cours de ta vie. Ton défi est d'essayer de faire taire ces peurs en te souvenant chaque jour que tu es une Âme immortelle et que la mort est en fait un passage vers le Monde des Esprits.

Qu'en est-il du jugement après la mort ? Comme tu le sais, de nombreuses religions pensent que nous devons rencontrer notre Créateur après notre mort et qu'Il nous Jugera en fonction de la vie que nous avons menée. Si nous avons été mauvais, nous serons bannis dans les flammes de l'enfer à tout jamais. Si nous avons été bons, nous serons autorisés à entrer au paradis pour jouir d'une existence heureuse et agréable.

Ces religions se trompent car l'enfer n'existe pas et personne ne te juge après ta mort, à l'exception de toi-même. Dieu ne juge pas les Âmes en fonction de leurs vies, Il ne les bannit pas non plus dans un lieu horrible si elles ont été mauvaises. Toutes les Âmes font partie de Dieu et il serait insensé pour Dieu d'envoyer en exil des parties de Lui-même dans un lieu affreux pour l'éternité. Contrairement au portrait qui en a été fait par de nombreuses religions, Dieu n'a rien d'un roi humain assis sur un trône en or, distribuant récompenses ou punitions aux gens après leur mort. Dieu n'est pas vaniteux ou vengeur et Il n'a pas besoin et ne souhaite pas du tout être honoré, encore moins d'une façon précise. Dieu ne crée pas de règles à suivre et Il ne punit pas les Âmes pour leurs actes, peu importe ce qu'elles ont commis. Tout comme des parents sur ta planète n'abandonneraient pas leur enfant de cinq ans qui s'est mal comporté, Dieu ne bannit pas les Âmes qui ont mal agi. Dieu vous a donné le libre arbitre pour que vous fassiez des choix dans vos vies et parfois ce libre arbitre sera employé de manière négative ou blessante. Tout ceci fait partie de la vie d'humain et Dieu sait que cela se produira souvent.

Si Dieu ne voulait pas que vous puissiez sortir du "bon chemin", Il vous aurait retiré le libre arbitre ou aurait stoppé vos incarnations sur Terre. Dieu sait que quelques Âmes deviendront des saints, que d'autres deviendront peut-être des monstres cruels et que la plupart seront entre les deux. La diversité des circonstances que les Âmes peuvent rencontrer durant leurs vies offre à Dieu l'opportunité de faire l'expérience de la vie sur Terre sous de très nombreuses facettes.

S'il n'y a pas d'enfer, qu'arrive-t-il aux meurtriers quand ils meurent ?
Ils effectuent la traversée jusqu'au Monde des Esprits, comme tout le monde.

La plupart des gens considéreraient cela comme une grave injustice. Comment est-ce possible que ces criminels finissent au même endroit que Mère Térésa ?

Une fois encore, ton point de vue de Terrien déforme ta vision des choses. Dans ton monde laïque, il existe des lois pour maintenir la paix entre tous les citoyens. Ces lois permettent de créer des sociétés civilisées en opposition à la "loi de la jungle" qui prévaudrait sinon. Afin que ce système fonctionne, il doit y avoir des sanctions pour ceux qui enfreignent les lois, telles que des amendes ou des peines de prison. Si les meurtriers n'étaient pas punis pour leurs crimes, la plupart des gens seraient outrés, concluant que justice n'a pas été rendue.

De la même façon, la plupart des religions ont adopté la croyance qu'il existe des punitions dans l'après-vie pour ceux qui n'obéissent pas aux lois de Dieu. Comme pour le système laïque, cela a pour but d'offrir un sentiment de justice aux fidèles – parce que toutes les mauvaises personnes seront punies à leur mort – et motive les gens à être bons et à suivre les préceptes de la religion.

Dans le Monde des Esprits, on sait que les humains vont s'écarter de leur chemin en exerçant leur libre arbitre ; mais cela ne justifie en rien de les punir puisque cela fait partie intégrante de la vie sur Terre. Quand les Âmes rejoignent le Monde des Esprits, elles sont sincèrement désolées pour le mal qu'elles ont fait et elle chercheront à comprendre comment elles auraient pu éviter ces situations.

Si personne n'est puni après la mort, pourquoi chercherait-on alors à vivre une bonne vie ? Mal se conduire peut être bien plus drôle que de rester dans le droit chemin.

Les humains ont de bonnes raisons de chercher à être bons. La première est que tous possèdent un sens inné de ce qui est juste ou non et que tous ressentent un besoin moral de faire ce qui est bien. La plupart des humains n'abuseraient pas d'enfants ou n'assassineraient pas une autre personne même s'il n'y avait pas de punitions sur Terre ou dans l'après-vie. Ces personnes préfèrent faire de bonnes actions parce qu'elles sentent que c'est la bonne chose à faire. Ce sentiment instinctif de ce qui est juste ou non varie cependant d'une personne à une autre, d'une culture à une autre, bien que les principes généraux soient souvent identiques. Ces principes moraux naissent des mémoires résiduelles inconscientes du Monde des

Esprits et des messages envoyés par leurs Âmes et Guides Spirituels.

La seconde raison est que la plupart des humains pensent qu'ils devront rendre des comptes pour leurs actes après leur mort. Presque tous les humains pensent que Dieu les jugera pour leurs actes et qu'Il les punira ou les récompensera en fonction, d'autres pensent quant à eux que le karma leur fera payer leurs mauvaises actions dans une vie future. Les gens qui comprennent les vérités que je dévoile sauront que ces deux croyances sont erronées mais ils chercheront toujours à être bons pour réaliser les aspirations de leur Âme.

J'ai tout de même encore du mal à accepter que les meurtriers finissent au même endroit que les bonnes personnes. Ils sont sûrement obligés de payer pour leurs péchés.

La vie sur ta planète est un moyen pour les Âmes d'apprendre et de grandir et il n'y a pas la moindre notion de punition ou de récompense. Les assassins ne vont pas dans le Monde des Esprits pour être récompensés de leurs crimes ; ils vont dans le Monde des Esprits car il n'y a pas d'autre endroit où aller. Toutes les Âmes partent du Monde des Esprits et y retournent à leur mort, peu importe le mode de vie qu'elles ont eu sur Terre. Les meurtriers vont vivre un moment difficile lorsqu'ils feront leur revue de vie car ils vont prendre pleinement conscience de la peine et de la souffrance qu'ils ont infligées aux autres et qu'ils en éprouveront beaucoup de remords. Les autres Âmes ne critiqueront pas et ne mépriseront pas les meurtriers et personne ne les punira pour leurs actes. En fait, les victimes les entoureront d'amour et de compassion et les pardonneront sans conditions pour ce qu'ils ont fait. À la suite de ça, les meurtriers auront hâte de retourner sur Terre vivre une nouvelle vie au cours de laquelle ils pourront réparer leurs fautes et mener une meilleure vie.

Que se passe-t-il pendant une revue de vie ?

Une fois ta transition effectuée jusqu'au Monde des Esprits, tu commenceras ta revue de vie avec l'aide de tes Guides. Ta revue de vie te permet de voir tous les aspects de ta vie dans l'ordre que tu souhaites – avec de nombreuses pauses pour te permettre de réfléchir à tes actes et d'en discuter les implications avec tes Guides et les Sages. Tu peux choisir de voir ta vie comme si tu étais à nouveau dans ton corps terrestre et revivre les événements ou tu peux revoir les événements de ta vie comme si tu te regardais dans un film en 3D. Tu pourras ressentir les émotions des autres en réaction à tes mots et à tes actes.

Par exemple, si tu as dit des choses méchantes et cruelles à quelqu'un, tu pourras éprouver la peine ressentie par cette personne à tes mots. De la même manière, si tu as déneigé l'allée de tes voisins âgés après une tempête de neige, tu pourras ressentir leur profonde gratitude pour ton acte généreux pendant qu'ils te regardent par leur fenêtre. Ta revue de vie t'apportera une compréhension plus grande de la manière dont tes mots et tes actes ont affecté les autres et cela t'aidera à préparer ta prochaine vie. Tu retrouveras aussi la mémoire totale de ton Plan d'incarnation que tu avais imaginé auparavant et tu pourras constater dans quelle mesure tu as réussi à suivre le chemin prévu.

J'imagine que la revue de vie peut devenir parfois très inconfortable. Je pense que la plupart d'entre nous n'avons pas vraiment conscience de la portée de nos actions et de l'étendue de la peine que nous avons pu causer aux autres. Comment allons-nous de l'avant après notre revue de vie ?

Le but de la revue de vie n'est pas de te faire culpabiliser mais de t'aider à comprendre comment tes actions ont impacté les autres. Ta revue de vie te permettra de réaliser la peine et la souffrance que tu as causées aux autres et t'offrira une opportunité de comprendre comment tu aurais pu éviter ces actes. Cela t'aidera à faire évoluer ton Âme et à te préparer à ta prochaine incarnation.

Est-ce que quelqu'un m'évaluera ou me donnera une note sur la vie que j'ai menée ?

Tu es le seul qui évaluera ta performance dans cette vie. Tu exploreras tous les aspects de ta vie avec tes Guides et avec toutes les autres Âmes qui ont eu un rôle important dans ta vie, comme tes parents, tes frères et sœurs, ton épouse et tes enfants. Ils seront présents pendant ta revue de vie et tu les accompagneras pendant la leur ; néanmoins ils ne te jugeront

pas et réciproquement. Au lieu de ça, chacun fera son possible pour apporter des conseils et de la guidance aux autres dans un esprit de coopération mutuelle.

Dieu merci, je ne vais pas devoir me présenter devant St Pierre aux Portes du Paradis à ma mort. (Je peux désormais me débarrasser de ma combinaison ignifugée que je garde dans le placard!) Personnellement, je pense que c'est une bonne idée de suivre la sage maxime que j'avais vue sur un graffiti pendant mes années à l'université : "Ne juge personne tant que tu n'a pas parcouru un kilomètre dans ses souliers (parce qu'à ce moment là tu auras un kilomètre d'avance et tu auras ses chaussures)".

Très drôle. Bien que je ne sois pas autorisé à discuter des détails de ton Plan d'Incarnation, je peux te dire qu'il n'était pas prévu que tu deviennes comique - et pour cause!

Chapitre Cinq :
L'Église vole en éclats

Après mes premiers échanges avec Albert, j'avais la tête qui tournait. Les choses qu'il m'avait dites concernant ma raison d'être sur Terre et ce qui arriverait après ma mort allaient à l'encontre de presque tout ce qu'on m'avait enseigné dans l'enfance, ayant grandi dans une famille catholique très pratiquante. L'Église Catholique nous disait que Dieu était l'Être Suprême qui nous avait envoyé sur Terre – pour des raisons connues de Lui seul – pour vivre en accord avec Ses préceptes, qui nous étaient transmis par les dirigeants de l'Église. À notre mort, nous serions conduits devant Dieu pour recevoir Son jugement. Si nous avions été bons et avions suivi toutes Ses règles, Dieu nous laisserait entrer au Paradis où nous jouirions pour l'éternité d'une existence heureuse. Si nous avions été mauvais et avions enfreint Ses règles, Il nous enverrait dans un endroit affreux nommé l'enfer où nous souffririons dans d'atroces douleurs jusqu'à la fin des temps.

En réfléchissant à mon éducation catholique, je me souvins que de nombreuses règles de l'Église dictaient la manière de rendre grâce à Dieu correctement, par exemple assister à la messe du dimanche, recevoir régulièrement les sacrements, tels que la communion et la confirmation, et jeûner le Vendredi Saint. Ces règles servaient peu à encourager les personnes à mieux se comporter dans la société, mais si vous enfreigniez ces règlements, vous pouviez finir en enfer même si vous aviez été bons dans tous les autres aspects de votre existence. Quand j'étais adolescent, je me débattais avec cette position tenue par l'Église selon laquelle si certaines personnes vivaient de bonnes vies, pleines d'amour, de gentillesse et de compassion, mais qu'elles n'appartenaient pas à l'Église catholique et n'en suivaient pas les règles, elles iraient brûler en enfer à leur mort. Par contre, ceux qui étaient cruels et blessants pendant la majeure partie de leur vie pourraient finir au paradis s'ils avaient suivi les règles de l'Église catholique et confessé leurs péchés avant de mourir. Cette issue me laissait perplexe.

Les règles de l'Église Catholique concernant la vénération de Dieu étaient souvent arbitraires et dénuées de logique. Les membres devaient impérativement assister à la messe du dimanche et le manquement à cette règle constituait un péché mortel, condamnable à l'enfer à perpétuité – sauf si le péché était absous en confession. Si une personne se rendait à la messe du lundi au samedi mais manquait le dimanche, le résultat était le même. Avec cette règle, l'Église Catholique semblait dire que la forme était plus importante que le fond et que Dieu préférait les personnes qui assistaient à l'office seulement une fois par semaine, à condition que ce soit le dimanche, à celles qui allaient tous les jours à la messe sauf le dimanche. Je n'ai jamais compris cette règle.

J'ai reçu mon premier endoctrinement aux croyances de l'Église Catholique lors d'une préparation à la première communion comprenant deux semaines de cours de catéchisme. Cette classe, qui était obligatoire pour tous les enfants de la paroisse qui finissaient leur CP, fut une fâcheuse intrusion dans nos vacances estivales. Les enseignants respectaient les traditions catholiques et faisaient de leur mieux pour nous remplir la tête d'autant de préceptes catholiques que possible dans le temps imparti. Au cours du processus, ils parvinrent à détruire l'innocence de notre jeunesse en nous racontant que nous étions tous des pécheurs et que nous devions confesser nos péchés au prêtre avant de recevoir pour la première fois la Sainte Communion. Comme chaque autre enfant de ce groupe, je n'avais jamais envisagé être un pécheur avant cet été – probablement parce que j'avais assez peu connaissance du concept de péché de l'Église. J'ai vite découvert que l'église possédait une très longue liste de ce qui était considéré comme des péchés, répartis en deux catégories : les péchés mortels (pour les offenses graves) et les péchés véniels (pour les infractions mineures).

La partie la plus troublante des enseignements reçus dans cette classe concernait la punition que Dieu nous infligerait si nos Âmes portaient des péchés. Pour les péchés mortels, nous serions envoyer dans les feux dévorants de l'enfer. Si nos Âmes portaient des péchés véniels, Dieu nous enverrait servir au purgatoire (un lieu semblable à l'enfer) jusqu'à ce que nos Âmes soient lavées de nos péchés, et nous serions alors autorisés à accéder au paradis. Pour un enfant de sept ans, l'idée d'être puni dans ces lieux affreux était terrifiante étant donné que je me souvenais de la douleur ressentie en passant simplement ma main trop près d'une bougie lors du Noël précédent.

Après nous avoir complètement effrayés avec la perspective de l'enfer et du purgatoire, ils tentèrent de nous fournir un petit réconfort en nous encourageant à prononcer une courte prière chaque soir avant d'aller au lit, une demande à Dieu de prendre pitié de nous :

Alors que je m'apprête à tomber dans le sommeil,
Je prie le Seigneur pour qu'il protège mon Âme.
Si je devais mourir avant mon réveil,
Je prie le Seigneur d'emporter mon Âme.

La troisième ligne attira vraiment mon attention : je réalisai alors que je pouvais mourir une nuit dans mon sommeil et ne jamais revoir mes parents et mes frères et sœurs. Et si cela arrivait une nuit où mon Âme portait des péchés, je serais envoyé en enfer ou au purgatoire. Jusqu'à ce qu'ils m'enseignent cette courte prière, cela ne m'avait jamais traversé l'esprit que je pouvais mourir à tous moments ; j'avais toujours crû que la mort était quelque chose qui n'arrivait qu'aux personnes âgées. Il y eut de nombreuses nuits par la suite où je fus terrifié à l'idée de m'endormir, inquiet de peut-être ne jamais me réveiller. Durant les années qui suivirent, cette peur s'accrocha à moi comme un nuage sombre et épais et je me souviens avoir récité l'Ave Maria en boucle de nombreux matins sur le chemin de l'école, espérant que mes prières seraient entendues et que je pourrais vivre un peu plus longtemps.

En me remémorant ces événements à l'âge adulte, j'ai peine à comprendre ce que l'Église essayait d'accomplir en instillant tant de peurs à un groupe de jeunes enfants. J'en conclus tristement que l'Église avait toujours utilisé la peur et la culpabilité pour contrôler ses membres et qu'elle estimait probablement que ça fonctionnerait encore mieux en commençant le processus à un jeune âge.

Peu après ma première communion, mes parents m'inscrivirent comme enfant de chœur, ce qu'ils pensaient être un grand honneur. À cette époque, la messe était conduite en latin et les enfants de chœur servaient la messe en assistant le prêtre pendant l'office, ce qui incluait de répondre aux prières latines récitées par le prêtre. Dans le cadre de ma préparation à cette mission, on me donna un livret avec la prononciation phonétique de ces prières en latin, que je dus mémoriser pour pouvoir répondre correctement aux prières du prêtre.

Quand j'y pense, je trouve ça étrange que ce livret ne fournisse pas la traduction en anglais de ces prières, mais uniquement des guides phonétiques de prononciation. Alors que je récitais ces prières en latin chaque dimanche à la messe, je n'avais aucune idée de ce qu'elles signifiaient. Mais cela ne semblait déranger ni le prêtre ni l'assemblée ; tout le monde était ravi que je suive les traditions ancestrales de l'Église Catholique même si personne, à l'exception du prêtre, ne comprenait ces prières. Tout simplement parce que la prière était censée être une communication profonde avec Dieu.

Le fait de servir comme enfant de chœur à la messe tous les dimanches ne me faisait pas me sentir plus saint ou plus proche de Dieu. Il s'agissait surtout d'être vêtu de vêtements rouges et blancs, de marmonner des prières en latin au moment adéquat et d'aider le prêtre avec le cérémonial pompeux que constituait la messe. Plusieurs moments de la messe étaient en lien évident avec le symbolisme historique, bien que la plupart ne semblaient être qu'une série de prières, de gestes et de fastes dénués de sens. Je me suis souvent demandé si quelque chose n'allait pas chez moi, car je ne ressentais aucune élévation notable en servant la messe.

Un des moments intéressants de la messe était la communion, quand le prêtre distribuait l'hostie, qui représentait le corps et le sang de Jésus Christ, aux paroissiens qui souhaitaient prendre part à ce sacrement. L'hostie était une sorte de pain azyme rond et fin que seul le prêtre pouvait toucher après la bénédiction. Pour recevoir l'hostie, les fidèles s'agenouillaient à la rambarde de communion à l'avant de l'église et sortaient leur langue à l'approche du prêtre. Une fois que le prêtre avait déposé une hostie sur leur langue tirée, les fidèles rentraient l'hostie à l'intérieur de leur bouche et la plaquaient délicatement contre leur palais jusqu'à ce qu'elle fonde. À cette époque, c'était un péché de mâcher l'hostie ou même de la toucher avec ses dents.

Une de mes missions en tant qu'enfant de chœur était de suivre le prêtre quand il distribuait les hosties. Je tenais une petite assiette en cuivre sous le menton de chaque personne pour recueillir l'hostie si elle venait à glisser de la langue du communiant. De cet angle, j'eus l'occasion de voir une grande diversité de langues humaines de toutes tailles, formes et couleurs – des choses que la plupart des gens n'auront pas l'occasion de voir. De nombreuses langues étaient longues et fines alors que d'autres étaient larges et plates. Certaines étaient roses, quelques unes possédaient des teintes violettes et la plus étrange avait une sorte de couche blanchâtre qui me faisait penser que le dentifrice et le lavage de bouche n'étaient pas une activité fréquente. Les plus drôles avaient en dessous des veines violettes protubérantes. Je devais souvent me mordre les lèvres pour ne pas sourire. Si ces personnes savaient à quoi ressemblait leur langue, elles auraient probablement quitter l'Église pour rejoindre une autre religion. Depuis cette époque, l'Église a changé sa politique ; les gens peuvent désormais recevoir l'hostie dans la paume de la main et utiliser leur autre main pour la mettre dans leur bouche.

L'attention que je portais aux langues a bien failli me coûter cher un dimanche. Je suivais le prêtre le long de la rambarde de la communion avec ma petite assiette en cuivre, quand l'impensable se produisit : une hostie glissa de la langue d'un fidèle rebondit sur mon assiette et tomba au sol. Le prêtre s'arrêta brusquement et leva ses bras pour ramener le silence dans le chœur pendant que le reste de l'assemblée se glaça sur place. C'était presque comme si j'avais renversé un isotope radioactif d'un container en plomb. Le prêtre m'envoya à la sacristie chercher une petite valise noire qu'il gardait dans une étagère. Il en sortit une petite pelle en cuivre et une petite brosse noire et poussa délicatement l'hostie dans la pelle. Il utilisa alors la brosse pour ramasser tout ce qui était par terre dans un rayon de 20 centimètres autour du point de chute de l'hostie. Je suppose que son but était de s'assurer qu'aucun morceau du Christ ne reste au sol, car qui sait ce que Dieu aurait pu faire si quelqu'un avait par la suite piétiné Son fils. Heureusement, le prêtre était parvenu à recueillir chaque dernière petite molécule qui aurait pu se fragmenter lorsque l'hostie a heurté le sol, nous épargnant ainsi à tous la Colère Divine.

À l'adolescence, j'avais cessé de servir la messe et je m'asseyais sur les bancs de l'église avec ma famille tous les dimanches. À cette époque la messe était dite en langue indigène et les paroissiens pouvaient tous répondre aux prières en anglais. Malgré ce changement, le même cérémonial pompeux persistait et la messe n'avait pas plus de sens pour moi qu'avant. L'un des pires moments était l'homélie du prêtre à l'assemblée. Bien souvent, ces sermons étaient ennuyeux et il était difficile de rester concentré sans décrocher.

Je me souviens néanmoins d'une fois précise où le sermon contenait un peu de piquant, particulièrement pour un adolescent.

Ce dimanche là, le prêtre surprit tout le monde avec une révélation qui émanait de la confession d'un fidèle. (La confession dans l'Église Catholique est une procédure qui donne l'opportunité à ses membres de confesser leurs péchés au prêtre dans la stricte confidence et de recevoir le pardon pour toutes leurs transgressions.) Sans nommer la personne, le prêtre raconta en assemblée qu'un homme avait confessé avoir été impur avec sa femme. Bien que le prêtre ne se soit pas étendu, tout le monde comprit qu'il parlait de relations sexuelles. Pour ma plus grande déception, le prêtre ne donna pas de détails sur ce que cet homme avait fait, mais il continua en rassurant l'assemblée qu'il n'y avait rien qu'un mari ou qu'une femme puisse faire à l'autre qui soit impur et qu'il n'y avait nullement besoin de confesser ces activités.

Mon imagination s'emballa immédiatement. Qu'est-ce que cet homme et cette femme ont-ils exactement bien pu faire ? me demandai-je. Je parcourus discrètement l'assemblée espérant découvrir quelqu'un qui se tortillerait d'inconfort, mais il s'avéra que presque tout le monde se sentait un peu mal à l'aise. Mes yeux se fixèrent sur une jeune fille très attirante assise sur le banc devant moi et je me demandais alors avec mélancolie si elle était du genre à essayer quelques unes de ces activités impures une nuit à l'arrière de ma voiture.

Alors que l'assemblée quittait l'église à la fin de la messe, je détectai des sourires espiègles chez quelques hommes. Il ne faisait aucun doute qu'ils anticipaient leur coucher ce soir-là, forts de cette nouvelle assurance donnée par le prêtre qu'ils étaient libres de s'engager dans toutes sortes d'activités sexuelles avec leur femme sans avoir avoir à se soucier que de tels actes soient impurs ou péchés.

À cette époque, l'Église possédait une multitude de règles interdisant ou limitant l'activité sexuelle. Quand j'étais adolescent, peu après la puberté, le prêtre informa la communauté un dimanche qu'il proposait une session "Forger son caractère" pour les jeunes garçons de la paroisse. Mes parents insistèrent pour que je participe à cette formation et ils me déposèrent au presbytère à la date prévue, où je retrouvai quelques camarades de classe dont les parents avaient le même état d'esprit que les miens. Aucun d'entre nous n'avait idée de ce que "Forger son caractère" signifiait jusqu'à ce que le prêtre commence son cours. Le but de cette rencontre était de nous avertir que les activités de "plaisir solitaire" étaient péchés et déplaisaient à Dieu. Bien qu'il n'utilisa pas le terme "masturbation", nous savions tous ce dont il parlait. Au cas où nous succombions à cette tentation, le prêtre nous informa que nous devions confesser ce péché dès que possible. Par ailleurs, il nous dit que nous pourrions parfois avoir des "rêves humides" pendant notre sommeil, mais que cela ne constituait pas un péché tant que nous ne demeurions pas dans le fantasme sexuel de notre rêve après notre réveil. Pour nous faciliter la confession de ce péché, le prêtre nous donna une phrase code à utiliser ; nous pouvions lui dire que nous avions "répandu la semence" et il comprendrait ce dont il s'agissait. En pensant à ce que le prêtre avait dit, je me souvins de ce que mon ami Mark m'avait confié récemment. Comme les gens qui vont se confesser sont supposés dire au prêtre combien de fois ils ont péché depuis leur dernière confession, je tremblais en pensant comme il serait embarrassant pour Mark d'avouer qu'il avait "répandu la semence" onze fois la semaine dernière.

L'Église Catholique n'essayait pas seulement de contrôler les actes des gens, mais aussi leurs pensées. L'Église considérait les pensées impures (par exemple, celles liées au sexe) comme un péché grave envers Dieu, qui noircissait nos Âmes. Puisque la plupart d'entre nous trouvions cela difficile de bloquer les différentes pensées qui surgissaient dans nos têtes quotidiennement, ce péché était très dur à éviter.

Cela me rappelle une histoire amusante de mes années à l'université. John, mon ami proche, était tombé amoureux d'une très jolie jeune fille qui se trouvait être une catholique fervente. Inutile de dire qu'elle respectait à la lettre les préceptes de l'Église interdisant les relations sexuelles avant le mariage, il s'agissait donc d'une relation platonique à ce stade, au grand désespoir de John. Comme condition préalable à leur mariage convenu, John devait "devenir catholique", ce qui nécessitait qu'il reçoive des enseignements d'un prêtre sur l'Église et ses croyances et qu'il se fasse baptiser. Au cours de ces enseignements, le prêtre lui fit savoir qu'avoir des pensées impures était un péché grave qui devait être confessé sans délai. La première fois que John alla se confesser, sa petite amie l'accompagna à l'église pour le soutenir moralement. John entra dans le confessionnal et fit part de ses péchés au prêtre, y compris de certains moments où il avait eu des pensées impures concernant son amoureuse. En sortant du confessionnal, se sentant heureux d'avoir nettoyé son ardoise, il s'assit sur un banc près de sa compagne. Avant de parvenir à s'en empêcher, il constata comme elle était séduisante dans sa petite jupe et son sweat cintré. En un clin d'œil, il était de retour sur le chemin de l'enfer. Et que faire maintenant ? se demanda-t-il. Il pouvait retourner au confessionnal et confesser cette nouvelle pensée impure, mais il devrait expliquer à sa petite amie pourquoi il devait y retourner. De plus, tant qu'elle serait dans l'église, le cycle se répéterait dès qu'il sortirait. John conclut tristement qu'être un bon catholique n'allait pas être une mince affaire.

Même si certains de ces souvenirs me font sourire, la plupart sont néanmoins très troublants. Et j'ai découvert un jour récemment à la salle de sport que je n'étais pas le seul à avoir des problèmes avec mon éducation catholique. Je marchais d'un bon pas sur un tapis ce matin là, quand un grand homme mince prit la machine près de moi. Il se présenta sous le nom de David et nous échangeâmes quelques commentaires sur la météo. Je remarquai qu'il lisait un article avec un titre peu commun : "Éviter les 'mauvais usages' du sexe dans le mariage, avertissent les évêques canadiens."

"Mon Dieu," s'exclama David soudainement, "Va-t-on écouter ces sornettes. Ils n'ont jamais connu le sexe eux-mêmes mais ils essaient de dire aux couples mariés ce qu'ils devraient faire ou non dans leurs propres chambres."

Je me tournai vers David les yeux écarquillés et il me fit part de l'article qu'il lisait concernant la Conférence Canadienne des Évêques Catholiques, à l'issue de laquelle une lettre pastorale avait été publiée avertissant les couples mariés d'éviter les actes sexuels qui n'étaient pas chastes puisque ces activités étaient contraires aux intentions de Dieu.

"Désolé pour ma réaction très spontanée" m'expliqua-t-il en me tendant l'article, "mais je suis un catholique en rémission." Il employa le même ton que s'il avait été un ancien drogué sevré. Je ne réagis pas immédiatement, mais après avoir lu l'article, j'invitai David à boire un café après la séance de musculation pour comprendre son emportement.

J'appris que David, pas tout à fait la soixantaine, avait eu une enfance similaire à la mienne. Il avait aussi grandi dans une famille catholique pratiquante et avait été enfant de chœur pendant plusieurs années. Il me raconta que l'Église lui avait enseigné les mêmes règles et croyances que moi et qu'il avait tout gobé. En arrivant à l'université, il se mit cependant à remettre en question ces croyances, qu'il trouvait chancelantes à de nombreux égards.

"Le point critique fut atteint lorsque j'ai lu Conversations avec Dieu" se remémora-t-il "particulièrement le chapitre dans le deuxième livre où Neale Walsch se moque intelligemment d'éléments clés du dogme catholique. À la fin du chapitre, tout était devenu parfaitement clair – comme si j'avais été assis dans l'obscurité pendant des années et que quelqu'un avait soudainement allumé la lumière. J'étais enfin capable de réaliser que les règles et les croyances de l'Église étaient arbitraires, illogiques ou parfois stupides et que la plupart ne servaient en rien à encourager ses membres à devenir de meilleurs citoyens pour la société. La plupart du temps, ces règles n'étaient que des outils pour contrôler ses fidèles à l'aide de la peur et la culpabilité. Je me présente comme un catholique en rémission, parce que je travaille encore à me libérer des effets de toute la peur et de toute la culpabilité accumulées au long de ces années, ayant cru à toutes les balivernes que l'Église m'a enseignées quand j'étais jeune."

"Un bon exemple d'une croyance qui semblait défier toute logique était celle du péché originel" continua-t-il. "Au catéchisme, on nous enseignait que tous les humains étaient nés avec un péché originel porté par leur Âme, qui provenait des transgressions commises par Adam et Eve. Même si les enfants étaient incapables de faire quoi que ce soit de mal, ils venaient dans ce monde leur Âme noircie par ce péché. L'Église prêchait qu'aucun être portant le péché originel ne pouvait entrer au paradis et qu'il fallait être baptisé en tant que catholique pour se débarrasser de cette tare."

"Je me souviens des mêmes enseignements pendant mes cours de catéchisme" répondis-je, "et j'ai toujours pensé que cette croyance possédait un défaut majeur – c'était comme punir des enfants pour les crimes commis par leur père, un concept totalement infondé".

"Il ne fait aucun doute dans mon esprit que cette croyance était erronée. Elle était contraire à la justice naturelle et elle blessait notre sens inné de l'équité" acquiesça David. "Cela signifiait qu'un bébé non baptisé mourant prématurément se retrouverait cloîtré en enfer pour un péché qu'il n'a pas commis. En réfléchissant à cette doctrine ces dernières années, j'ai néanmoins réussi à discerner la raison d'être de ce précepte – cela obligeait les parents catholiques à faire baptiser leurs bébés le plus vite possible. Une fois enrôlés dans l'Église, on s'attendait à ce qu'ils demeurent des membres fidèles, se marient à d'autres bons catholiques et fassent de nombreux enfants qui deviendraient à leur tour des catholiques pratiquants. C'était un bon moyen pour l'Église de garantir un flot régulier de nouveaux membres."

"Je comprends où vous voulez en venir, mais les choses ont changé depuis notre enfance. L'Église a fait des progrès." répliquai-je.

"C'est vrai" concéda-t-il, "mais il lui reste un long chemin à parcourir. Cet article concernant la lettre des évêques est un bon exemple de la manière dont l'Église essaie encore d'exercer le contrôle sur ses membres dans des domaines qui ne devraient pas la concerner. Est-ce que ces gars pensent vraiment que quiconque ici – à l'exception d'une petite minorité de catholiques serviles – va accorder la moindre attention à ce qu'ils disent sur les relations sexuelles des couples mariés ? Ne se font-ils pas plus de mal que de bien en prêchant que Dieu désire que les maris et femmes soient chastes dans leur chambre ? (Et quelqu'un a-t-il une quelconque idée de ce que "chaste" veut dire?) En tous cas, j'ai de la compassion pour tous ceux qui vont prendre cette lettre à cœur. Pensez à toute cette culpabilité inutile que ces évêques créent chez ces couples qui vont désormais réfléchir aux relations sexuelles qu'ils ont en se demandant s'ils offensent Dieu. Et tous ces grands discours proviennent du même groupe de personnes qui n'a pas réussi à empêcher ses propres prêtres d'abuser sexuellement d'enfants."

"Je parie que la grande majorité des jeunes adultes de notre société, tout comme la plupart des plus âgés, vont totalement ignorer cette lettre sans lui accorder le moindre crédit" répondis-je. "Mais votre constat sur les abus sexuels de prêtres s'est avéré vrai tout près de chez moi. Il y a quelques années, j'ai été consterné d'apprendre que le prêtre qui avait officié dans ma paroisse quand j'étais au lycée a été condamné pour cinq faits d'atteinte à la pudeur liés à des abus sexuels sur cinq adolescents. J'ai été encore plus choqué de découvrir que ces incidents ont eu lieu pendant qu'il était à la tête de notre paroisse et que j'avais servi la messe avec deux de ses victimes. J'ai trouvé tellement sarcastique que ce prêtre, qui avait si souvent donné des leçons aux adolescents contre le sexe pré-marital, ait en même temps abusé sexuellement de jeunes garçons dans son presbytère."

"Ça me désole d'entendre ça" dit David.

"Je l'étais aussi, car deux de ces garçons étaient des amis" gémis-je. "Je me suis souvent demandé depuis pourquoi il a fallu tant de temps aux victimes pour sortir du silence."

"Cela ne me surprend pas," répliqua David. "A cette époque, la plupart des adultes de la génération de mes parents pensaient que le prêtre ne pouvait rien faire de mal, il est donc peu probable que quiconque ait cru les victimes, même si elles avaient eu le courage de témoigner des abus qui se perpétraient."

"Oui, je comprends," acquiesçai-je. "Le clergé était très estimé à cette époque. Je me souviens encore des moments où l'évêque se déplaçait dans notre paroisse pour des confirmations. Il était traité comme un membre de la famille royale ; après la messe il y avait toujours un petit groupe de personnes qui tournait autour de lui, attendant une occasion de s'agenouiller devant lui et d'embrasser sa bague."

"Aujourd'hui encore, vous rencontrerez parfois des évêques en quête de ces vieux jours où tout le monde les écoutait sans se questionner" continua David. "Je me souviens d'un incident qui s'est produit dans ma ville il y a quelques années. De nombreuses écoles catholiques récoltaient de l'argent en sponsorisant des bingos et des casinos (qui étaient autorisés par le gouvernement) pour aider à financer leurs programmes et sorties scolaires. Puis, un jour, l'évêque local décida que de telles activités pour récolter des fonds étaient immorales et contraires aux principes catholiques. Bien que les membres du conseil d'administration des écoles catholiques, élus par les contribuables, aient voté en faveur des écoles pour qu'elles puissent continuer à organiser ce type de collectes des fonds, sachant qu'il ne leur serait pas aisé de trouver d'autres sources de financement, l'évêque, qui n'est élu par personne, n'a pas cédé ; il a menacé de boycotter la réunion de rentrée du conseil d'administration et de mettre sur la liste noire toutes les écoles qui feraient perdurer ces pratiques. Le pire dans cette histoire est que les membres du conseil ont cédé et ont suivi les ordres de l'évêque. Je peux comprendre maintenant pourquoi certains Américains s'inquiétaient, au moment de l'élection présidentielle dans les années 60, que John F. Kennedy soit contraint de suivre les ordres du Pape."

Je ne savais pas comment réagir à la tirade de David, il m'était difficile de ne pas être d'accord avec la plupart de ses propos. Je décidai donc de revenir sur certains des points évoqués. "Je comprends où vous voulez en venir en mentionnant les règles arbitraires et illogiques de l'Église, mais les autres religions possèdent aussi des préceptes insensés – comme interdire de danser, de boire de la caféine, de manger du porc ou imposer aux hommes le port d'un turban ou aux femmes de couvrir leur visage en public. Je pourrais continuer sans fin, mais je pense que vous comprenez ce que je veux dire."

"Je sais que l'Église Catholique n'est pas la seule religion avec ce genre de règles" concéda-t-il, "mais c'est la religion que je connais le mieux. Je ne comprends toujours pas pourquoi davantage de gens ne prennent pas conscience que ces règles ont été établies comme un moyen pour ces religions de contrôler leurs membres et de les maintenir en leur sein."

"Comme plusieurs auteurs l'ont déjà constaté," répondis-je, "il est plus facile pour les gens de croire ce que leurs parents et mentors religieux leur ont enseigné plutôt que d'analyser ces enseignements à la lumière de leurs expériences de vie propre et d'établir leurs propres croyances. La plupart des gens sont ravis de suivre un chemin tout tracé et de ne pas faire de vagues."

"Je pense que vous avez raison, mais ce n'est pas notre problème. Je suis ravi que nous ayons eu cette conversation. C'est rassurant de voir que d'autres partagent le même point de vue" conclut-il en se dirigeant vers la porte.

En quittant la salle de sport pour rentrer à la maison, je repensai à ce qu'avait dit David et aux brèches qu'Albert avait ouvertes concernant pratiquement tous les enseignements que l'Église m'avait transmis dans ma jeunesse. Je savais que je devais soulever cette question avec Albert.

Albert, presque tout ce que tu m'as raconté jusqu'à présent contredit ce que l'Église Catholique m'a enseigné dans mon enfance. Comment est-ce possible que l'Église qui est en place depuis des siècles avec des millions de fidèles puisse être si éloignée de la vérité ?

Dans une certaine mesure, l'Église Catholique a développé ses croyances pour répondre aux besoins de ses fidèles, au cours de son histoire. Auparavant, presque tout le monde aurait rejeté les vérités dont je te fais part et toute tentative pour éclairer les gens aurait été un effort vain. Le cœur du message que je t'ai transmis ne sera pas admis de tous, mais j'espère

qu'il y aura à ce jour des personnes ouvertes d'esprit, en quête de vérités qu'elles ne peuvent pas trouver dans les religions organisées, qui comprendront ce que je te partage.

L'Église Catholique a une longue histoire et la majorité de ses croyances et pratiques sont mises en place depuis ses débuts. De nombreuses règles ont été créées il y a des siècles, quand la plupart des citoyens suivaient les lois établies par ses dirigeants despotiques, sans poser la moindre question. Dans ce terrain fertile, l'Église savait qu'elle pouvait convaincre ses membres de respecter ses règles, même si elles étaient arbitraires et illogiques. A l'heure actuelle, de nombreux membres sont sceptiques à l'égard de ces règles ; néanmoins, les changements sont longs à se mettre en place – principalement parce que les dirigeants de l'Église Catholique ne sont pas enclins à écouter leurs fidèles ou à réexaminer des sujets établis de si longue date. L'Église n'accepte pas les principes démocratiques ; elle est gouvernée par le Pape à l'aide des cardinaux et des évêques, qui ne souhaitent pas que des membres ordinaires participent à l'élection ou au choix de ses dirigeants ou apportent de quelconque changement aux règles et préceptes de l'Église. C'est dans leur intérêt propre de conserver tous les pouvoirs entre leurs mains et cela n'est pas prêt de changer prochainement.

Comment l'Église justifie-t-elle ce système de gouvernance ?

Comme tu le sais, le Pape est le dirigeant suprême de l'Église Catholique Romaine. À la mort du Pape, l'assemblée des cardinaux se rassemble pour choisir l'un d'entre eux en tant que nouveau Pape. Les cardinaux sont choisis par le Pape parmi les membres des assemblées d'évêques, eux mêmes désignés par le Pape. L'Église Catholique pense que Dieu œuvre à travers l'assemblée des cardinaux pour choisir le Pape comme Son porte-parole sur Terre. Ils affirment que cela rend le Pape infaillible, puisque tout ce qu'il décrète vient en fait de Dieu. Remettre en question les décisions du Pape revient à remettre en question Dieu. Avec un tel système en place depuis la naissance de l'Église, il n'y a pas de place pour la démocratie. Ce n'est donc pas possible pour les membres ordinaires de l'Église d'élire le Pape puisque Dieu doit choisir

le Pape, et que selon les saints hommes, Dieu ne travaille qu'avec les cardinaux quand Il effectue Son choix.

Cela ressemble à la théorie du Droit Divin des Rois de certaines monarchies européennes, il y a des siècles, pour clamer que l'on ne pouvait pas défier leur autorité puisqu'ils étaient choisis par Dieu.

Il existe en effet des similitudes. Historiquement, une des meilleures façons pour un despote de se maintenir au pouvoir était de convaincre les gens qu'il détenait son autorité de Dieu et que ses souhaits et ses ordres étaient approuvés par Dieu. Dans la mesure où cette idée était acceptée, les citoyens étaient réticents à défier l'autorité Divine, peu importe si les règles édictées étaient illogiques, inconsistantes ou néfastes. Après tout, comment pouvait-il avoir tord s'il était désigné par Dieu?

Les dirigeants de l'Église Catholique ont toujours tiré avantage de ce paradigme. Le Pape, les cardinaux et les évêques profitent de leurs positions d'autorité dans l'Église et du pouvoir que cela leur confère sur leurs fidèles. Puisqu'ils affirment que leur autorité provient directement de Dieu, qui communique Ses désirs par leur intermédiaire, ils n'ont aucune raison d'écouter les membres ordinaires de l'Église – qui évidemment, contrairement à eux, ne possèdent pas ce canal direct vers Dieu.

Est-ce vrai ? Est-ce que Dieu parle au Pape et aux cardinaux ?

Dieu parle au Pape et aux cardinaux mais pas exclusivement. Dieu s'adresse à tous et aucune personne ou aucun groupe ne possède le monopole de Ses messages. Dieu parlera souvent à travers ton Âme ou tes Guides. Il envoie souvent, sur ta planète, des Maîtres (qui sont des Âmes évoluées) pour vivre parmi les humains et répandre Son message. Jésus, Moïse, Krishna, Bouddha et Mahomet sont quelques Maîtres éminents qui ont foulé la Terre pour aider les humains dans leur voyage. Il y a eu d'autres Maîtres qui ont délibérément fait profil bas pendant leur vie sur Terre et il y a actuellement des Maîtres sur Terre, qui choisissent de rester en dehors des feux de la rampe.

Si Dieu s'adresse à chacun, pourquoi les humains sont-ils en désaccord sur tant de choses ? Est-ce que Dieu envoie des messages contradictoires ?

Le message fondamental de Dieu est toujours le même : ne ressentez que de l'amour pour vous-même et pour tous les autres humains et créatures et sachez que ce que vous faites à un autre, vous vous le faites à vous-même. Bien que tout le monde reçoive le même message de Dieu, certains ne l'entendent pas car ils ne sont pas à l'écoute, d'autres l'entendent mais choisissent de l'ignorer car il entre en conflit avec leurs désirs terrestres.

Est-ce vrai que toutes les règles et croyances de l'Église Catholique, décrétées par une longue lignée de Papes depuis la naissance de l'Église, proviennent réellement directement de Dieu ?

Dieu ne dicte pas de règles à suivre ou de croyances aux humains, qu'elles soient religieuses ou non. Les messages de Dieu ne concernent toujours que les plus hautes vérités et Il ne cherche pas à contrôler les actions humaines du quotidien. Il a donné à l'humanité la possibilité d'exercer son libre arbitre et Il n'interférera pas avec ce droit. Par conséquent, Dieu n'a pas dicté les règles et les croyances de l'Église Catholique ou de toute autre religion. Elles sont toutes issues de l'esprit des dirigeants religieux, capables de convaincre les autres qu'ils parlaient au nom de Dieu.

Qu'en est-il de Jésus Christ, le fondateur de l'Église Catholique ? Est-il à l'origine du dogme de l'Église ?

Jésus fut le fondement de l'Église Catholique, qui s'est développée après sa mort, mais il n'a pas ordonné tous les préceptes et croyances de l'institution. Jésus était un Maître qui s'est incarné pour répandre le message de Dieu et pour conduire les hommes à un niveau de conscience plus élevé. Jésus était et est toujours le fils de Dieu – comme toute Âme est enfant de Dieu. Jésus était une Âme très évoluée qui n'avait pas besoin de venir faire l'expérience humaine pour lui-même ; il s'est incarné uniquement pour aider les autres à travers ses enseignements. Même s'il est vrai que Jésus est à l'origine de l'Église Catholique, il n'a pas dicté la myriade de règles et de préceptes développés par l'Église au fil des siècles. Tu ne trouveras nul part dans les écritures que le Christ a dit à ses fidèles qu'ils devaient assister à la messe tous les dimanches, participer à la Sainte Communion au moins une fois par an, confesser ses péchés ou ne pas manger de viande le vendredi (une ancienne règle révolue depuis) pour ne mentionner que quelques exemples de règles passées ou présentes de l'Église. Il n'a pas non plus prescrit de procédures pour vénérer Dieu ou de structures pour diriger l'Église. Toutes ces règles ont été créées par les dirigeants de l'Église après sa mort.

Et la Bible ? La plupart des chrétiens pensent que ce livre représente la parole de Dieu.

Dieu n'a pas dicté la Bible ; elle a été rédigée par des hommes qui suivaient tous leurs propres agendas, tout comme les prêtres qui, depuis, citent des passages de la Bible pour justifier les préceptes qu'ils prônent dans leur religion. De nombreux textes originaux ont été ensuite déformés par les dirigeants religieux pour parvenir à leurs fins. De nombreuses écritures du Nouveau Testament sont aujourd'hui très différentes des versions originales. Dans les premiers temps de l'Église, ses dirigeants se sont mis d'accord après moult débats sur un ensemble de croyances pour leur religion et ont réécrit et révisé des parties du Nouveau Testament pour s'assurer que les écritures qui survivraient soient conformes à leur vision de l'Église. Par conséquent, la Bible que tu connais aujourd'hui a été écrite par différents hommes (et révisée par les dirigeants qui ont suivi) et ne représente pas la parole de Dieu comme le clament de nombreux religieux depuis des siècles.

Pourquoi ne pas avoir révélé tes vérités aux dirigeants de l'Église ?

Tu peux facilement imaginer ce qui adviendrait de l'Église si ses dirigeants et ses membres acceptaient les vérités que je t'énonce. Les croyances fondamentales de l'Église n'auraient plus aucun crédit et l'Église cesserait d'exister sous sa forme actuelle. Sans les millions de fidèles qui suivent ses commandements et qui remplissent les coffres de l'Église, le Pape, les cardinaux et les évêques perdraient leur pouvoir. Ce n'est clairement pas dans leur intérêt, ils vont donc continuer à faire tout ce qu'ils peuvent pour soutenir l'idée qu'une personne ne peut accéder au paradis que si elle appartient à l'Église Catholique et qu'elle adhère fidèlement à ses règles et croyances, décrétées par le Pape. Les religieux tenteront toujours de discréditer toute théorie ou croyance contraire au dogme de l'Église, par conséquent, les vérités que je te partage seront rejetées avec véhémence et considérées comme hérésies.

Cela ne veut pas dire que l'Église Catholique n'a pas de bons côtés. Dans la plupart des cas, ses dirigeants sont bien intentionnés et encouragent leurs fidèles à suivre les dix commandements et à respecter la Règle d'Or. L'Église effectue aussi de bonnes actions dans le monde à travers ses actions caritatives. Cependant, parfois, ses règles engendrent des épreuves inutiles à ses membres et la structure de gouvernance de l'Église ne permet pas à ses membres de pousser aux changements, même si beaucoup soutiennent des réformes.

La doctrine contre le contrôle des naissances en est un bon exemple. Leur position actuelle est que le contrôle des naissances est un péché, à l'exception de "la Planification familiale Naturelle" qui s'appuie principalement sur le rythme du cycle féminin. Cela signifie que le recours à la pilule, au préservatif, au stérilet, à la vasectomie, à la ligature des trompes, et même au coït interrompu (retrait) est considéré comme un péché aux yeux de l'Église. La justification donnée à cette règle est que Dieu interdit toutes les relations sexuelles, à l'exception des couples mariés dans le but de concevoir un enfant. Selon l'Église, le sexe ayant tout autre objectif, tel que le plaisir, est considéré comme un péché envers Dieu.

Bien que les dirigeants de l'Église le nieraient, la raison principale pour laquelle l'Église interdit la plupart des formes de contrôle des naissances est motivée par leur souhait d'accroître leur base de fidèles. Ils savent que le meilleur moyen d'obtenir de nouveaux membres est d'encourager les couples catholiques à avoir autant d'enfants que possible, qui grandiront tous en devenant des catholiques pratiquants. Pour ce faire, les dirigeants ont décidé que les relations sexuelles dans le but d'avoir des enfants étaient correctes, mais que toutes les autres constituaient un péché.

Comment l'Église peut-elle cautionner la méthode liée au rythme du cycle féminin et condamner toutes les autres formes de contrôle des naissances ? Cette règle n'a aucun sens pour moi.

Les dirigeants de l'Église auraient préféré interdire toute forme de contrôle des naissances, mais ils ont pris conscience qu'il était nécessaire de permettre à leurs fidèles d'espacer leurs enfants et d'en réduire le nombre pour des questions de finances et de santé évidentes. Ils ont donc décidé d'autoriser l'utilisation du rythme du cycle féminin (qui possède un taux d'échec important) et d'interdire toutes les autres formes de contrôle des naissances en se basant sur le fait que les autres méthodes ne sont pas naturelles mais artificielles. Ainsi, l'Église interdit encore les méthodes les plus efficaces mais cela offre un petit espoir aux fidèles de parvenir à limiter le nombre d'enfants conçus. Tout cela est dû à l'objectif de l'Église de générer un nombre important de futurs nouveaux catholiques.

Je ne parviens pas à comprendre comment l'Église peut justifier le fait que l'utilisation de la pilule ou du préservatif soit un péché, mais que la méthode du rythme du cycle n'en soit pas un. Chaque méthode a pour but d'éviter la conception d'un enfant.

Comme tu l'as déjà constaté de ton éducation catholique, l'Église n'est pas toujours logique ou cohérente dans ses politiques. Dans les faits, ils essayent généralement de ne pas chercher à justifier les règles, puisqu'ils se cachent derrière l'affirmation que le Pape est infaillible et que tout le monde doit respecter ses ordres (qui viennent de Dieu) même s'ils sont arbitraires et illogiques. Après tout, d'après l'Église, les humains ne devraient pas essayer de comprendre les raisons d'être des règles venant de Dieu ; Il a de bonnes raisons pour mettre Ses Règles en place et elles devraient être respectées sans la moindre remise en question.

La distinction qu'ils font et dont ils tirent profit, en disant que la plupart des méthodes de contrôle des naissances sont artificielles, n'a pas de sens. En fait, il n'y a rien de naturel dans la méthode liée au cycle menstruel. Pour que cette méthode fonctionne, la femme doit enregistrer avec précision le rythme de son cycle pendant des mois, puis compter les

jours de son cycle pour déterminer à quelle période elle ne tombera a priori pas enceinte. Le procédé implique une surveillance accrue de son cycle et la capacité à compter les jours sur un calendrier. Les premiers humains qui ne savaient pas compter et qui ne possédaient pas de calendrier n'étaient pas en mesure d'utiliser une telle méthode.

J'ai lu plusieurs articles concernant le contrôle généralisé des naissances par les catholiques aux États-Unis. Nombre de sondages indiquent qu'une majorité importante de catholiques utilisent fréquemment la pilule et les préservatifs et, qu'en dépit du fait que l'Église estime qu'il s'agit d'un péché, ils se considèrent toujours comme de bons catholiques.

L'Église s'accroche obstinément à cette interdiction du contrôle des naissances malgré la forte opposition de ses membres. Cela fait partie de la dictature de l'Église ; ils insistent pour que leurs fidèles suivent les directives du Pape même si elles semblent arriérées dans la civilisation moderne.

Ça me fait penser à un couple d'autres règles qui semblent dépassées et sans fondements : l'exigence du célibat chez les prêtres et l'interdiction des prêtres femmes. Quand j'étais jeune, l'Église souffrait déjà d'un manque de prêtres et il semble que les choses se soient encore aggravées depuis. Il n'est pas nécessaire d'avoir un degré d'imagination grandiose pour conclure que davantage d'hommes postuleraient si les prêtres étaient autorisés à se marier et à fonder une famille. De plus, si l'Église ouvrait cette mission aux femmes, la somme totale de candidats serait doublée. L'Église tente de justifier ces règles avec une logique bancale : puisque Jésus était un homme et qu'il n'a choisi que des hommes comme apôtres, ils prétendent que Jésus souhaitait que seuls des hommes soient prêtres, et puisque Jésus n'était pas marié et avait mené une vie de célibat (en tout cas selon la doctrine catholique), tous les prêtres doivent vivre de la même manière afin de pouvoir "être marié" à l'Église. L'obligation du célibat, que l'Église n'a pas appliquée en permanence au cours de son histoire, leur permet de confirmer que les relations sexuelles sont impures et que les prêtres ne peuvent pas atteindre l'état de sainteté souhaité s'ils s'adonnent aux relations sexuelles. Par implication, ils sous-entendent que les religieux mariés dans d'autres religions sont inférieurs aux prêtres catholiques car ils sont distraits par le sexe et leurs obligations familiales.

Il est facile de conclure que leur justification pour ne pas ordonner de femmes prêtres n'est rien d'autre qu'une réponse pratique, qui ignore les réalités de notre société actuelle. Cela me heurte que les dirigeants de l'Église soient un "club de vieux garçons", qui préfèrent maintenir les choses comme elles sont, indisposés à partager leur pouvoir avec les femmes. Après tout, s'ils autorisaient les femmes à devenir prêtres, il finirait par y avoir des femmes évêques, puis cardinales, puis à terme une femme Pape.

De nombreux catholiques aujourd'hui partageraient ton point de vue. L'Église ne prend pas en compte, et ça l'arrange, qu'à l'époque où Jésus vivait sur Terre la plupart des sociétés étaient patriarcales et que les femmes ne pouvaient pas jouer de rôle important. Tu peux imaginer comme il aurait été difficile pour Jésus de rassembler tous ses fidèles et de répandre son message sur Terre s'il avait choisi de s'incarner en tant que femme ou s'il avait choisi des femmes pour apôtres. Néanmoins, dans les pays développés du monde aujourd'hui, la plupart des gens considèrent les femmes comme égales aux hommes en tous points et de telles sociétés pourraient totalement accepter et respecter des femmes prêtres.

Je me suis souvent demandé si l'obligation du célibat chez les prêtres n'était pas une cause sous-jacente des abus sexuels perpétrés par les prêtres, dont de nombreux exemples ont été révélés ces dernières années. Je pense que le sexe est un aspect très naturel de l'existence humaine et qu'il n'est ni naturel ni sain pour un individu, particulièrement un homme, de s'abstenir de sexe pendant de longues périodes. Il n'en faut pas beaucoup plus pour arriver à la conclusion que beaucoup des cas d'abus sexuels par des prêtres naissent de leur impossibilité à obtenir un plaisir sexuel en ayant des relations sexuelles normales avec une épouse.

Tu n'es pas la seule personne à faire ce lien, bien que la plupart des gens le gardent pour eux. Je suis d'accord sur le fait que de longues périodes d'abstinence peuvent engendrer des comportements déviants, puisqu'il est naturel pour un humain d'avoir des relations sexuelles régulières.

C'est malheureux pour ces victimes que l'Église n'ait pas fait ce lien il y a des années et aboli sa politique de célibat des prêtres. C'est encore plus triste que cette politique soit toujours en vigueur.

Assez parlé de ce sujet. J'aimerais te poser des questions sur deux autres sujets brûlants à l'heure actuelle pour les catholiques : l'avortement et l'homosexualité. Comme tu le sais, l'Église s'oppose à l'avortement et considère les relations homosexuelles contraires à la nature et comme étant un péché. Es-tu d'accord avec ça ?

Non sur les deux plans. L'Église est malavisée sur la question de l'avortement, principalement car elle ne comprend pas l'interaction entre l'Âme et le corps humain. Les Âmes n'intègrent pas le bébé avant que l'accouchement ait commencé. Jusqu'alors, le bébé n'est qu'un corps et un esprit sans son Âme. Les humains ont besoin d'une Âme pour survivre et ils meurent sans l'Âme. Quand une femme avorte, elle ne retire qu'une coquille humaine de son corps, puisque l'Âme n'a pas encore rejoint le fœtus. Dans la plupart des cas, les avortements ont lieu quand l'Âme qui avait prévu de s'incarner dans le bébé change d'avis ou que l'Âme de la mère modifie son Plan d'Incarnation et ne veut plus avoir d'enfant. Dans les deux cas, les Âmes vont discuter des alternatives et l'avortement n'aura lieu que si les deux l'acceptent.

L'homosexualité n'est pas contraire à la loi naturelle et ne constitue ni un péché, ni une offense à Dieu. Comme mentionné auparavant, Dieu ne fixe pas de règles que les humains doivent suivre et ne souhaite pas restreindre ou interdire les relations homosexuelles ni rien de ce que les humains peuvent faire. L'interdiction des relations homosexuelles par l'Église est cohérente avec sa position sous-tendant que toutes les relations sexuelles constituent un péché, sauf s'il s'agit d'un couple marié qui souhaite avoir un enfant. Puisque le sexe entre homosexuels ne peut engendrer la conception d'un enfant, l'Église considère ces activités (tout comme la plupart des relations hétérosexuelles) comme un péché.

Jusqu'à présent, Albert, nous nous sommes concentrés sur les préceptes de l'Église Catholique et son usage de la culpabilité et de la peur pour contrôler ses membres. Qu'en est-il des autres religions dans le monde ? L'Église Catholique n'est certainement pas la seule à utiliser ces leviers pour manipuler ses fidèles.

Au cours de l'histoire de l'humanité, la plupart des religions organisées ont utilisé la culpabilité et la peur pour contrôler leurs membres et donner du pouvoir à leurs dirigeants, principalement en persuadant les gens que leurs saints hommes suivaient les ordres de Dieu et que quiconque ignorait leur préceptes offensait Dieu.

De nombreuses règles des religions organisées concernent le moment, le lieu et la manière d'honorer Dieu et d'obéir à Ses règles. Le plus souvent, l'observance ou la violation de ces règles n'ont pas d'effets notables, positifs ou négatifs, sur la société. Par exemple, l'interdiction dans plusieurs religions de manger du porc ne fait aucun mal (ni aucun bien d'ailleurs) à leurs membres ou à la société en général et est donc relativement anodine. De même, l'obligation d'assister à un office religieux le samedi ou le dimanche n'a pas d'impact sur ceux qui n'appartiennent pas à cette religion.

Cependant, quand les dirigeants utilisent la religion pour réaliser leurs désirs terrestres, ils affectent généralement négativement l'ensemble de la société. L'histoire humaine possède de nombreux exemples de dirigeants de différentes religions qui ont persuadé leurs fidèles de torturer ou de tuer d'autres personnes afin de satisfaire Dieu. Un grand nombre d'actes inimaginables ont été commis sur ordre de religieux prétendant suivre les ordres de Dieu, alors que leurs objectifs réels étaient de satisfaire leurs propres intérêts et d'accroître leur pouvoir.

En invoquant le nom de Dieu, des religieux ont été capables de convaincre d'autres personnes de sacrifier des femmes vierges, de torturer et de tuer des infidèles, de brûler des hérétiques sur des bûchers et de détruire des villages plein de femmes et d'enfants dans le cadre de croisades pour libérer la Terre Sainte. Plus récemment, certains ont pu convaincre leurs fidèles d'écraser un avion dans des tours de bureaux et de se couvrir le corps de ceintures d'explosifs pour tuer des innocents. Et il ne s'agit là que de quelques exemples d'atrocités commises par des religions organisées et leurs dirigeants.

Bien qu'il ne devrait pas te sembler étonnant que des religieux aient souvent utilisé Dieu comme un instrument pour exercer le pouvoir et atteindre leurs objectifs, tu pourrais trouver troublant qu'ils aient si facilement réussi à trouver des personnes naïves pour suivre leurs ordres et causer tant de souffrances. Curieusement, la plupart de ces simples chevilles ouvrières sont capables d'abandonner tous leurs principes moraux pour commettre des actes horribles, simplement parce qu'un homme de religion leur dit que c'est la volonté de Dieu.

Je me suis en effet souvent questionné à ce sujet. Si Dieu, qui est tout-puissant, souhaitait réellement qu'un groupe de personnes ou qu'un pays soit détruit, pourquoi n'utiliserait-Il pas les éclairs et la foudre pour effectuer la tâche rapidement et efficacement ? Pourquoi a-t-il besoin d'engager les efforts rudimentaires des hommes pour réaliser Ses souhaits ? Et puisque Dieu est l'Être Suprême qui distribue les punitions par la suite, pourquoi n'attend-Il pas que ces mauvaises personnes meurent pour les envoyer en enfer à ce moment-là ?

Je pense que tu connais la réponse à cette question. Comme je te l'ai dit, Dieu n'interfère jamais dans les affaires humaines et Il ne dit certainement pas aux religieux ou à quiconque autre qu'Il souhaite que des gens soient punis ou tués parce qu'ils L'ont offensé. Dieu n'établit pas de règles à suivre et il n'y a rien que les humains puissent faire pour L'offenser. Les gens suivent les instructions de ces dirigeants parce qu'ils sont dupés pensant que les dirigeants parlent pour Dieu. Et si Dieu désire que ces atrocités soient commises, comment peut-il être mal de suivre Ses souhaits ?

Je n'arrive pas à comprendre comment ce stratagème a pu berner tous ces gens. Ne se sont-ils pas arrêtés, ne serait-ce qu'un moment, pour réfléchir à ce que ces hommes leur demandaient de faire ? Ne pouvaient-ils pas entrevoir la possibilité que, peut-être, ces hommes parlaient en leur nom et que Dieu n'avait rien à voir dans tout ça ?

Il y a de nombreuses personnes dans ton monde qui préfèrent suivre la route toute tracée plutôt que de faire des vagues. Cela leur demande trop de temps et d'efforts d'analyser les choses par eux-mêmes et ils sont ravis d'aller dans le sens du courant et de suivre les préceptes des dirigeants.

Ne demandes-tu pas aux gens de prendre au pied de la lettre ce que tu m'as dit et de rejeter ce que les dirigeants fanatiques prêchent ? Pourquoi devraient-ils te croire ? Comment quelqu'un peut-il être certain que tu as raison et que ces dirigeants ont tort ?

Personne ne devrait accepter ce que je t'ai dit sans en avoir fait une analyse attentive et détaillée, en comparant avec les croyances défendues par les hommes d'église. Tu dois examiner ces croyances contradictoires avec minutie, les tourner dans tous les sens et en discuter avec ta famille et tes amis. Étends-les face au soleil et cherche la moindre brèche. Fais taire tout le bruit dans ta vie et écoute ta voix intérieure. Puis embrasse la croyance qui sied le mieux à ton esprit et qui semble juste dans ton cœur.

Comment sais-tu que quiconque te croira ?

Je ne sais pas si quelqu'un comprendra les choses que je t'ai dites. Je peux juste te demander de leur transmettre mon message et c'est à eux de décider de ce qu'ils en feront. Certaines personnes y croiront, d'autres le rejetteront au rang d'inepties. Mais en fin de compte, avec le temps, de plus en plus de personnes parviendront à comprendre ce que j'ai dit et les humains passeront graduellement à un niveau de conscience supérieur.

Chapitre Six :
Les Tabous liés à la sexualité

Quelques jours après ma première conversation avec David, je le recroisai à la salle. Cette fois, c'est lui qui m'offrit un café et je pus sentir qu'il était perturbé. Il me raconta qu'il avait repensé à cette lettre des évêques avertissant les couples mariés d'être chastes dans leurs activités sexuelles et que cela lui avait remémoré tous les tabous liés au sexe avec lesquels il avait vécu dans sa jeunesse.

"J'ai grandi à une époque où tous les adultes pensaient que le sexe était honteux et c'était un sujet dont on ne parlait jamais à la maison, ni en bonne compagnie" commença David. "Le sexe était un secret profond et obscur que les enfants n'étaient pas censés connaître avant leur adolescence environ et seulement pour les avertir des grossesses imprévues. Dans les cours de religions, les prêtres et les nonnes ne parlaient jamais ouvertement de sexe et ils utilisaient des euphémismes stupides pour nous dire que toute parole, pensée ou acte lié au sexe était péché et offensait Dieu. Ils nous avertissaient que notre conduite envers l'autre sexe devait être chaste et que nous ne devions rien faire qui puisse nous rendre "impur" aux yeux de Dieu. Ces cours n'étaient pas vraiment de l'éducation sexuelle telle qu'on la connaît aujourd'hui, puisqu'ils ne nous donnaient aucune information sur les organes de reproduction masculins et féminins, ni sur les relations sexuelles ou la conception. D'une manière évasive, ils parvenaient à transmettre leur message que les baisers passionnés, les caresses, la masturbation, les fantaisies sexuelles et les rapports sexuels, pour nommer quelques actes "sales" de leur liste, étaient des péchés graves et interdits par Dieu. Leur liste de péchés était si longue qu'il était presque impossible pour un adolescent de ne pas pécher chaque jour, à moins qu'il ne fut dans le coma."

"Cette croyance que tout ce qui est lié au sexe est tabou (en dehors des rapports sexuels au sein d'un couple marié pour concevoir un enfant) s'est enracinée dans les adolescents de notre paroisse" continua-t-il. "Je me souviens d'un rendez-vous que j'ai eu un jour avec une jeune fille de la paroisse. Alors que je la reconduisais chez elle ce soir-là, je lui racontai une rumeur que j'avais entendue concernant deux de nos camarades de classe qui avaient été découverts en train d'avoir des relations sexuelles à l'arrière d'une voiture. Elle se lança immédiatement dans une tirade contre le sexe, déclarant que c'était sale et dégoûtant et que ceux qui avaient des rapports sexuels étaient des porcs. Quand je lui rappelai que ces parents avaient eu des relations sexuelles, sinon elle ne serait pas née, elle fit une pause et me déclara que ses parents étaient des porcs, comme tous les autres. Je fus surpris par sa véhémence et j'en conclus que l'Église serait ravie de savoir que leurs tactiques de culpabilité et peur fonctionnaient si bien. Je n'eus pas d'autre rendez-vous avec cette demoiselle et j'ai découvert quelques années plus tard qu'elle s'était finalement mariée et avait trois enfants. Je me suis souvent demandé si cela signifiait qu'elle avait changé d'avis sur la question ou si elle avait simplement toléré des relations sans joie et limitées avec son époux pour concevoir ses enfants, tout en se demandant si elle n'était pas impure."

"Mon expérience avec l'Église est semblable à la vôtre"concédai-je, "et je me suis souvent demandé depuis lors pourquoi l'Église possédait une multitude de règles sur l'acte sexuel. Les catholiques n'étaient pas les seuls à avoir des complexes sur le sexe ; tous mes amis protestants étaient dans le même bateau. C'était comme si tous les adultes de cette époque partageaient les mêmes points de vue sur ces questions, indépendamment de leur religion. Je comprends les raisons de certaines règles, comme pas de relations sexuelles avant le mariage pour éviter les grossesses non désirées, mais je ne comprends pas pourquoi ils ont des règles qui ne protègent en rien les individus ou la société."

David fronça les sourcils et tenta de répondre à ma question. "À ma connaissance, les tabous sur le sexe et les règles limitant cette activité existent sous une forme ou sous une autre depuis des siècles. Outre les catholiques, il y a eu de nombreuses religions ou sociétés laïques au cours de l'histoire avec des règles régissant les conduites sexuelles. Certaines de ces règles ont été créées pour préserver la pays et l'harmonie dans la société. Leurs dirigeants ont décelé que les humains n'étaient pas naturellement des êtres monogames et il était nécessaire d'établir des règles pour imposer ce principe, couplées à de lourdes sanctions en cas d'infraction. Ils savaient que sans lois imposant la monogamie et interdisant l'adultère, certains hommes auraient eu de nombreuses partenaires sexuelles, alors que d'autres auraient pu n'en avoir aucune, semant ainsi les graines de la jalousie, de la colère et de la violence. Ils avaient aussi compris qu'une union monogame à long terme entre un homme et une femme était l'environnement le plus stable et le plus propice à élever des enfants et que des rapports sexuels en dehors de cette relation pourraient conduire à la conception d'enfants non désirés et négligés. Ainsi, ces dirigeants décrétèrent que les relations sexuelles avec quelqu'un d'autre que son mari ou son épouse seraient contraires à la loi et injurieuses envers Dieu. Étant donné le niveau de développement de leurs sociétés au moment où ces règles ont été établies, on peut comprendre qu'ils pensaient agir dans l'intérêt de leurs membres et de la société en générale."

"La logique de telles règles ne demeure pas plus valable dans nos sociétés modernes" dit-il. "Le développement du contrôle des naissances facilite les relations sexuelles sans crainte d'une grossesse involontaire et de nombreuses sociétés ne considèrent plus les rapports sexuels et les naissances hors mariage comme des événements honteux. De ce fait, de nombreuses religions organisées ont du retard sur les mœurs de leurs membres en s'accrochant à des règles qui ne sont plus pertinentes."

"Je comprends la genèse des règles liées à la monogamie et à l'adultère" répliquai-je, "mais j'ai du mal à comprendre les règles qui n'ont pas d'effets, positifs ou négatifs, sur la société. Certaines religions interdisent encore les couples mariés d'avoir des rapports sexuels si ce n'est pas pour concevoir un enfant, mais je trouve difficile à comprendre en quoi les préliminaires ou les rapports avec contraceptifs pourraient être mauvais pour un couple ou pour quiconque. De nombreuses religions considèrent la masturbation, les fantasmes sexuels et les rapports homosexuels comme étant des péchés, bien qu'aucune de ces activités n'ait un impact négatif sur les gens ou sur la société en général. D'où viennent ces règles et pourquoi sont-elles encore en vigueur ? "

"J'y ai beaucoup pensé au fil des années" continua David "et je n'ai pas été en mesure de trouver la moindre logique à ces règles. Plusieurs détracteurs ont suggéré que ces règles proviennent de dirigeants religieux qui considéraient que le sexe était sale, honteux et offensait Dieu (sauf pour faire des enfants). Les raisons de cette position ne sont jamais vraiment apparues clairement et aucune n'a été fournie par ceux qui l'ont proclamée en dehors de la justification habituelle qu'ils énonçaient le point de vue de Dieu sur les activités sexuelles."

"D'autres en ont déduit que ces règles provenaient de la croyance généralement admise par de nombreux dirigeants religieux, que le plaisir quel qu'il soit, y compris sexuel, est fondamentalement mauvais car il affaiblit la volonté d'obéir aux règles de Dieu. D'autres encore ont conclu que les autorités religieuses font tout leur possible pour conserver la liste des péchés, dont ceux liés au sexe, afin de maintenir l'état permanent de culpabilité chez leurs fidèles et de les forcer à assister régulièrement aux offices pour chercher leur salut. Il y a même quelques catholiques sceptiques dans mon entourage, qui pensent que ces règles viennent du fait que le clergé, n'étant pas autorisé à profiter des plaisirs du sexe, les a dictées pour s'assurer que les autres ne puissent pas en profiter non plus."

"Qu'importe l'origine de ces règles, la plupart ont été transmises au fil des siècles sans que quiconque ne jette un regard critique dessus. C'est pourquoi, aujourd'hui encore, les sociétés et les religions possèdent toujours une myriade de règles concernant la conduite sexuelle. Ces derniers temps, il y a eu un changement d'attitude concernant l'activité sexuelle bien que la plupart des tabous demeurent. Les jeunes adultes (et de nombreuses personnes plus âgées) aujourd'hui ne partagent généralement pas ces points de vue et demeurent perplexes quand ils cherchent à comprendre d'où viennent ces règles et ce qu'elles étaient censées empêcher."

Je peux dire que David était passionné par ce sujet et je l'ai donc laissé continuer. "Et cela nous ramène directement à l'article dont nous avons parlé la semaine dernière concernant la lettre des évêques. Croient-ils vraiment qu'ils puissent convaincre quelqu'un que Dieu a des points de vue sur ce que sont les relations sexuelles "convenables" pour un couple marié ? Les jeunes dans notre société (et de diverses religions) n'ont aucune réticence à vivre ensemble sans être mariés, une pratique que la plupart des adultes de notre génération ont acceptée alors que cela aurait été un scandale à notre époque. Étant donné cette vision plus libérale sur les relations sexuelles, il est difficile de croire que ces évêques ressentent le besoin de réguler les pratiques à l'intérieur même d'un couple marié. A mon avis, tout cela accentue le manque de crédibilité de l'Église et ouvre la porte au ridicule et au mépris" conclut-il.

"Je pense qu'une majorité de personnes aujourd'hui (peu importe leur religion) s'accorderaient sur le fait que les religions risquent de plus en plus le déclin, à moins qu'elles ne sortent leurs têtes du Moyen Age et fassent des efforts pour devenir plus sensées dans la société actuelle, particulièrement en ce qui concerne le sexe." avançai-je.

David acquiesça de la tête en se levant pour quitter la pièce. "La plupart des gens, jeunes ou vieux, ont déjà réalisé que les religions organisées ont trop de règles dénuées de sens et ne proposent aucune réponse crédible aux questions importantes de la vie, c'est la raison pour laquelle la fréquentation des églises décline depuis des décennies. Et je ne m'attends pas à ce que cela change prochainement" dit-il en se dirigeant vers la porte.

Bien que conscient que David avait vu juste avec ses remarques sur la religion et le sexe, je décidai de demander le point de vue d'Albert sur ce sujet.

Albert, lorsque nous avons discuté des règles de l'Église Catholique, nous avons brièvement évoqué l'attitude de l'Église envers la sexualité. Beaucoup de leurs règles tentent de restreindre l'activité sexuelle jusqu'au point d'interdire même d'y penser et la plupart des autres religions ont des règles similaires. Disent-elles vrai quand elles disent que ces règles proviennent de Dieu ? Que pense réellement Dieu de la sexualité ?

Les relations sexuelles sont une partie intégrante et naturelle de la condition humaine. Dieu a créé les humains avec des organes sexuels et un élan sexuel important et Il s'attendait à ce que les humains aient une activité sexuelle régulière. Il a conçu le sexe comme une zone procurant du plaisir pour encourager la pratique et il n'est pas fondamentalement mal d'apprécier le sexe. Les rapports sexuels sont aussi naturels pour les humains que manger, boire et respirer. La sexualité entre deux adultes consentant peut être une des activités les plus agréables et enrichissantes parmi toutes les activités humaines. Elle peut servir à l'expression ultime de l'amour entre deux personnes et aide à renforcer les liens entre eux. De plus, les rapports sexuels sont le moyen pour les humains de procréer et c'est une composante essentielle pour perpétuer l'espèce humaine sur Terre.

Comme je l'ai mentionné auparavant, Dieu n'a pas imposé de règles aux humains. Dieu n'interdit pas les relations sexuelles et n'en limite pas l'usage tout comme Il n'interdit ni ne limite aucune activité humaine. Dieu a volontairement créé les humains avec des organes et des désirs sexuels, ce n'est pas un accident, et Il ne considère pas la sexualité entre deux adultes consentants (ou toute activité solitaire) comme une offense ou un acte non naturel. Si Dieu avait souhaité que les humains n'aient pas de rapports sexuels, Il les aurait conçus différemment. Les religions ont toujours invoqué le nom de Dieu pour prouver la validité de leurs règles et celles liées à la sexualité ne font pas exception. Comme nous l'avons déjà évoqué, le fait qu'un religieux dise qu'une règle vient de Dieu ne garantit rien.

Cela me semble logique. Je me suis souvent demandé pourquoi Dieu dans Son infinie sagesse aurait créé les humains avec des organes sexuels et des hormones actives, puis aurait par la suite limité l'activité sexuelle dans l'attente que les hommes et les femmes soient capables de contrôler leurs désirs naturels. Si des parents ne souhaitent pas que leur enfant de quatre ans mange des bonbons, ils ne le laissent pas seul dans une pièce pleine de sucreries en espérant qu'il résiste à la tentation.

C'est difficile de trouver une faille dans ton raisonnement ; néanmoins, tu n'es pas celui qui parviendra à changer ces règles. La seule chose que tu puisses faire est d'en discuter avec d'autres et souhaiter que tout se passe au mieux.

Chapitre Sept :
La Communication avec les Esprits

Même si le sexe et la religion sont des sujets fascinants, Albert, je voudrais parler d'autre chose et t'interroger sur ton rôle en tant que l'un de mes Guides Spirituels.

Les Guides Spirituels sont des Âmes du Monde des Esprits qui agissent comme des guides et des coachs pour les Âmes sur Terre. Chaque personne a plusieurs Guides Spirituels à chaque instant, mais ils changent au cours de la vie afin de mieux répondre aux besoins de la personne. La plupart des Guides Spirituels ont eux-mêmes vécu sur Terre, ils peuvent donc comprendre ce que tu traverses et les difficultés que tu vas rencontrer. Le plus souvent, tes Guides Spirituels font partie de ta famille d'Âmes et ils ont vécu d'étroites relations avec toi dans des vies antérieures. Il est probable que tu aies été l'un de leurs Guides Spirituels dans une vie précédente ou que tu le sois dans une de leurs vies futures.

Le rôle principal des Guides Spirituels est de t'aider lorsque tu te trouves à un carrefour de ta vie et que tu dois prendre une décision. À ces moments-là, tes Guides t'enverront des messages pour t'encourager à prendre le bon chemin – le chemin prévu dans ton Plan d'Incarnation – mais tu n'entends ou ne comprends pas toujours leurs messages parce que ton esprit est trop encombré par d'autres pensées. Ils envoient souvent leurs messages sous la forme d'une pensée ou d'un sentiment intuitif qui surgit soudainement dans ta tête, et ils sont parfois intégrés dans l'un de tes rêves. À d'autres moments, tu peux recevoir des conseils sous la forme de déclarations faites par d'autres personnes (qui sont dictées par leurs Guides Spirituels) ou par l'occurrence d'événements "coïncidents" dans ta vie. Il est facile de manquer ces messages, sauf si tu es attentif et que tu prends le temps d'en déchiffrer le sens.

Chaque fois que tu as une pensée ou un sentiment intuitif (comme un murmure dans ton esprit), fais une pause, écoute attentivement et essaye de comprendre ce qu'il essaie de te dire. Le plus souvent, il s'agit d'un message de ton Âme et, à des moments importants de ta vie, également de tes Guides. Souvent, ton esprit ignorera le murmure ou décidera d'une action différente en utilisant sa raison, mais tu dois résister à ces tendances, être plus vigilant et suivre la guidance de ces messages.

Par exemple, rappelle-toi de ce jour de janvier, il y a des années, où ta mère a eu soixante ans. Ce matin-là, tu es arrivé au bureau dans ta précipitation habituelle et as rapidement parcouru ton planning de rendez-vous et les messages téléphoniques empilés sur ton bureau. Puis tu as remarqué une note, que tu avais griffonnée sur ta liste de choses à faire, te rappelant de téléphoner à ta mère pour lui souhaiter un joyeux anniversaire. Le premier sentiment que tu as eu était de passer l'appel immédiatement avant que les choses ne deviennent trop agitées. Malheureusement, ton esprit s'est mis en marche et tu as commencé à rationaliser. Tu avais tellement d'appels à passer et de lettres à lire qu'il valait mieux faire ces choses d'abord. De plus, si tu appelais ta mère plus tard dans la journée, tu aurais plus de temps pour discuter.

Tes sentiments initiaux venaient de ton Âme, mais ton esprit a trouvé des raisons de rejeter ces sentiments et d'ignorer le message. Comme tu le sais, ton esprit a gagné cette bataille et tu as décidé de passer l'appel plus tard. Accaparé par une journée chargée, tu as réussi à oublier l'appel et tu ne t'en es pas souvenu après être rentré du travail. Tu es le seul de ses cinq enfants à ne pas lui avoir téléphoné ou rendu visite le jour de son anniversaire.

Je m'en rappelle vaguement et j'ai honte en m'en souvenant maintenant. Je me suis souvenu d'appeler maman quelques jours plus tard, mais je sais que ce n'était pas la même chose que de le faire le jour de son anniversaire. Je n'avais aucune excuse pour avoir oublié cet appel.

Ta négligence était blessante, mais ta mère était une personne très compréhensive et elle savait que ton oubli n'était pas intentionnel. Ta mère est ici maintenant, et elle et ton père profitent à nouveau de l'amour et du bonheur du Monde des Esprits. Ils continuent tous deux à veiller sur leurs enfants, petits-enfants et arrière-petits-enfants, en envoyant fréquemment des pensées positives et affectueuses à leurs proches restés sur Terre. Ils ont hâte de serrer tout le monde dans leurs bras lorsqu'ils passeront dans le Monde des Esprits.

Un autre exemple de tiraillement entre ton Âme et ton esprit est ce samedi après-midi où ton fils de trois ans t'a demandé de lui faire la lecture au moment où tu sortais pour faire quelques courses. Ta première impulsion – qui venait de ton Âme – a été de t'asseoir avec ton enfant et de lui lire un passage de son livre Dr Seuss. Mais ta seconde pensée – venant de ton esprit – a été de continuer vers la porte car tu avais beaucoup de choses à faire et si peu de temps pour les faire. De plus, ton esprit s'est dit que tu avais passé une heure entière à lui faire la lecture la veille et que c'était déjà suffisant. Une fois de plus, ton esprit l'a emporté et tu es sorti, laissant là ton enfant, déçu, serrant son livre contre lui.

Ça fait mal, Albert. Je me souviens de cet événement, mais je n'ai pas réalisé à l'époque que mes sentiments premiers - que j'aurais dû suivre - venaient de mon Âme et j'ai fait l'erreur d'écouter mon esprit à la place.

C'est une erreur que les humains commettent trop souvent. Une fois que tu auras compris que ces sentiments viennent de ton Âme et parfois de tes Guides, tu apprendras à écouter attentivement et à mieux reconnaître et ignorer les rationalisations qui viennent de ton esprit.

Que s'est-il passé pour mon fils après que je l'ai laissé ?

Comme d'habitude, ta femme a sauvé la mise. Elle a pris le petit Blake dans ses bras, l'a serré tendrement et a séché ses larmes. Elle l'a câliné sur le canapé, et lui a lu son livre jusqu'à ce qu'il s'endorme pour sa sieste. Même si ta femme avait plus de choses à faire que toi ce jour-là, elle n'a pas été dérangée par cette interruption de son emploi du temps - elle avait

écouté son Âme et savait qu'il était important de passer ce temps avec votre fils. Ta femme est une personne très intuitive et elle est plus apte à suivre les conseils de son Âme que la plupart des gens. Tu pourrais y parvenir en suivant son exemple.

Je sais. Ma femme a été le pilier de notre famille depuis le premier jour - elle a élevé nos fils de la petite enfance à l'âge adulte et m'a réconforté avec amour chaque fois que je naviguais en eaux troubles (ce qui arriva finalement assez souvent). Les conseils qu'elle m'a prodigués dans les moments difficiles de ma vie étaient souvent empreints d'une sagesse qui semblait provenir d'une source supérieure. Il est clair pour moi maintenant qu'elle était à l'écoute des esprits.

Tu as de la chance d'avoir Cathy comme compagne, car tu as passé la majeure partie de ta vie occupé à atteindre tes objectifs, à suivre aveuglément les désirs de ton mental et à ignorer les conseils que nous t'envoyions. Et trop souvent, tu n'as pas écouté ta femme (qui pouvait entendre nos messages) alors qu'elle faisait de son mieux pour te guider dans la bonne direction.

Il semble que la majeure partie de ma vie a été nébuleuse. J'ai toujours eu l'impression que le temps était précieux et que je devais me dépêcher d'atteindre mes objectifs le plus rapidement possible. Après avoir atteint un objectif, je continuais à courir vers les nouveaux buts que je me fixais. Je vois désormais que j'ai laissé mon mental diriger ma vie et que j'ai toujours repoussé mes sentiments. Je croyais qu'écouter mes sentiments était un signe de faiblesse et j'étais fier de les étouffer chaque fois que possible.

Je me demande, Albert, ce que tu faisais pendant tout ce temps. Je croyais que tu étais censé m'aider quand j'avais besoin d'être guidé.

Il y a un vieux dicton sur votre planète : "Si vous voulez enseigner quelque chose de nouveau à une mule, vous devez d'abord la frapper sur la tête avec une planche de bois pour obtenir son attention." Dans ton cas, nous avons presque épuisé notre réserve de planches en essayant d'attirer ton attention. Dieu sait que nous avons tout essayé pour te faire écouter, mais tu étais toujours si déterminé à faire évoluer ta carrière à tout prix que c'était comme parler à un mur. Ton

équipe ici avait du mal à comprendre pourquoi tu étais toujours en train de courir, alors que tu ne savais manifestement pas où se trouvait la ligne d'arrivée – ou ce que tu ferais si tu finissais par l'atteindre. C'est pourquoi nous avons décidé d'être plus péremptoires et je suis apparu dans ta vie en tant que sans-abri pour attirer ton attention.

Merci d'avoir été persévérant. Je peux désormais voir toutes les erreurs que j'ai commises dans ma vie en occultant mes sentiments et les personnes qui m'aimaient. Que puis-je faire maintenant pour me racheter ?

Tu ne peux pas changer ce qui s'est déjà produit dans ta vie - de l'eau a coulé sous les ponts. Pour ce qui est de l'avenir, cependant, tu peux choisir dès maintenant de vivre le reste de ta vie différemment en écoutant tes sentiments. Si tu y parviens et que tu mets de côté les rationalisations de ton mental, tu nous rendras très heureux, ainsi que tous les habitants de la Terre proches de toi, et tu profiteras de ta vie comme jamais auparavant.

Nous savons que cela ne sera pas facile pour toi, mais tu dois commencer par de petites étapes toutes simples. La prochaine fois que ta petite chienne s'approchera de toi avec un jouet dans la gueule, l'ignoreras-tu et continueras-tu à écrire, ou t'arrêteras-tu quelques instants pour lui accorder un peu d'attention ?

J'essayerai de me souvenir de ce que tu as dit et de lui rendre l'amour inconditionnel qu'elle me témoigne chaque jour.

Hallelujah!

Merci, mais c'était facile à dire, même pour moi. Je suis plus préoccupé par le fait de manquer les messages subtils provenant de mon Âme et de mes Guides Spirituels. Comment puis-je améliorer mes capacités d'écoute ?

La pratique de la méditation t'aidera à entendre ces messages car elle calmera ton mental et éliminera toutes les pensées qui tourbillonnent habituellement dans ta tête. Il existe une longue tradition d'hommes et de femmes religieux et spirituels utilisant la méditation comme moyen de se connecter à leur "moi supérieur" et à l'univers. La méditation peut t'aider à ouvrir les canaux de communication avec ton Âme et tes

Guides pour que tu puisses davantage entendre et comprendre les messages que tu reçois chaque jour du Monde des Esprits. De plus, la méditation peut soulager ton stress et t'aider à faire face à tes épreuves quotidiennes de manière plus sereine.

Quelle est la meilleure façon pour moi d'apprendre à méditer ? Peux-tu me recommander une méthode ou une technique d'apprentissage ?

Les êtres humains ont développé diverses méthodes de méditation et n'importe laquelle peut te convenir. Il existe des dizaines de livres sur ce sujet et tu as le choix entre de nombreux cours conçus pour t'apprendre à méditer. Utilise la méthode qui semble te convenir le mieux puis pratique et pratique, jusqu'à ce que tu parviennes à la pleine conscience nécessaire pour comprendre les désirs de ton Âme et entendre les messages de tes Guides.

Ça a l'air laborieux. C'est plus facile pour moi de te parler comme nous le faisons en ce moment. Seras-tu toujours en mesure de communiquer avec moi par télépathie ?

J'en ai la capacité ; toutefois, je n'utiliserai pas cette méthode pour remplacer le flux normal des messages que t'envoient ton Âme et d'autres Guides. J'utilise cette communication télépathique directe pour te permettre de poser plus facilement tes questions et d'entendre les réponses afin que tu puisses transmettre ces informations à d'autres. Je n'utiliserai pas cette méthode pour te permettre de découvrir ce qui se trouve dans ton Plan d'Incarnation ou pour te donner les bonnes réponses sur les décisions que tu auras à prendre dans le futur. Si je le faisais, tout serait trop facile pour toi et il te serait plus difficile d'atteindre les objectifs que tu t'es fixés pour ta vie actuelle. Pour les messages de la vie quotidienne que nous souhaitons que tu reçoives, tu devras compter sur ta capacité à les discerner au fur et à mesure qu'ils arrivent, comme tout le monde.

Est-il possible pour d'autres Âmes du Monde des Esprits, comme les êtres chers déjà décédés, de communiquer avec les gens sur Terre ?

C'est possible, mais c'est peu fréquent. De nombreuses personnes ont des contacts avec des proches récemment décédés, mais il s'agit souvent d'événements ponctuels qui ne se reproduisent pas de manière régulière.

Je t'ai posé cette question à cause de ce qui m'est arrivé il y a quelques années. Je lisais le journal un dimanche matin quand le téléphone a sonné. C'était ma belle-sœur, Paulette, qui m'a annoncé que mon frère, Brian, avait cessé de respirer plus tôt ce matin-là. Elle m'a dit que l'équipe médicale qui était venue suite à l'appel d'urgence avait pu rétablir sa respiration et le transporter à l'hôpital où il était sous assistance respiratoire mais inconscient. Elle a dit qu'ils ne savaient pas depuis combien de temps il était "mort" avant l'arrivée des ambulanciers, et cela pouvait avoir causé des dommages cérébraux irréversibles, une question dont elle discuterait avec ses médecins après qu'ils aient terminé leur examen.

Après cet appel, je suis allé dans ma chambre pour être seul, pensant à mon frère et croisant les doigts pour que tout se passe pour le mieux. Au bout d'une heure environ, j'ai été tiré de ma rêverie par l'extinction soudaine des lumières et par la sirène du système de sécurité de notre voisin qui s'est déclenchée, comme elle le faisait toujours en cas de panne de courant. J'ai jeté un coup d'œil à ma montre pour regarder l'heure, mais au bout de dix secondes, les lumières se sont rallumées. Vingt-cinq minutes plus tard, Paulette m'a appelé pour me dire que mon frère était mort paisiblement à 13h15, soit à la même heure que notre courte panne de courant. J'ai immédiatement eu le sentiment que Brian avait provoqué notre panne de courant pour me dire adieu et me faire savoir qu'il était sain et sauf dans le Monde des Esprits.

Autre exemple, ma femme croit avoir eu un contact avec sa mère décédée peu de temps après qu'elle ait succombé à un cancer en phase terminale. Cela s'est produit lorsque notre fils, Colin, chantait dans la chorale de son lycée. Un jour, au début de l'année scolaire, le professeur du groupe a fièrement annoncé qu'ils avaient reçu (avec plusieurs autres chorales de lycéens d'Amérique du Nord) une invitation à se produire, en avril suivant, à un concert au Carnegie Hall à New York. Tout cela était très excitant jusqu'à ce que nous apprenions que la direction n'autoriserait pas ce voyage à New York parce que toutes les excursions attribuées à cette école pour l'année en cours avaient déjà été réservées par d'autres groupes et qu'elle n'était pas prête à faire une exception.

Les parents du groupe étaient très mécontents de cette décision. Avec ma femme comme l'un des chefs de file, ils ont formé un comité pour faire une demande en appel auprès du conseil de direction. Cathy et les autres parents ont travaillé très dur sur ce projet et malgré tous les obstacles qu'ils ont dû surmonter en cours de route, ils ont réussi à convaincre la direction de revenir sur sa décision antérieure et de permettre à l'ensemble vocal de se rendre au Carnegie Hall. Après coup, Cathy m'a confié qu'à un moment de cette bataille, elle s'était sentie si découragée qu'elle avait failli jeter l'éponge. C'est alors qu'elle a senti la présence de sa mère qui a posé une main sur son épaule et l'a encouragée avec amour à poursuivre l'appel. Ce contact avec sa mère l'a incitée à terminer la démarche entreprise.

Peux-tu me dire, Albert, si ces contacts venaient réellement du Monde des Esprits ou s'ils étaient le fruit de notre imagination ?

Si vous croyez dans votre cœur que ces contacts sont venus du Monde des Esprits, alors ils étaient bien réels et vous les chérirez pour le restant de votre vie. Vous devez vous considérer comme chanceux, car tout le monde n'a pas l'occasion d'avoir de tels contacts avec ses proches décédés.

Pour finir de répondre à ta question, il existe toutefois des humains, souvent appelés médiums ou voyants, qui ont la capacité de communiquer régulièrement avec les Âmes du Monde des Esprits. Beaucoup d'entre eux reçoivent des messages oraux des esprits, tandis que d'autres reçoivent des images ou des symboles qu'ils doivent interpréter. Certains médiums entrent en transe pour permettre à un esprit d'intégrer temporairement leur corps et d'utiliser leurs organes pour parler aux personnes présentes. Les Âmes du Monde des Esprits sont souvent capables de communiquer avec leurs proches par l'intermédiaire des médiums et des voyants. Le plus souvent, elles veulent rassurer leurs proches en leur disant qu'elles sont bien vivantes de l'autre côté, malgré leur mort physique sur Terre.

La communication avec les Âmes du Monde des Esprits est semblable à la recherche d'une station de musique sur une radio. Si tu ne règles pas le tuner sur une fréquence spécifique,

tu n'entendras pas de musique. Les médiums et les voyants ont la capacité de se connecter à la bonne fréquence afin d'écouter les Âmes du Monde des Esprits, alors que la plupart des humains n'entendent que des parasites.

Si j'apprends à communiquer avec les Âmes du Monde des Esprits ou si je les contacte par l'intermédiaire d'un médium, peuvent-elles me dire ce qui m'attend dans l'avenir ?

Pour des raisons évidentes, les Âmes du Monde des Esprits ne peuvent pas te donner de détails spécifiques sur ton avenir, comme la date de ta mort, la façon dont tu mourras ou des détails similaires sur ta famille et tes amis. Cependant, dans une certaine mesure, elles peuvent t'aider à comprendre les messages de ton Âme et de tes Guides Spirituels pour que tu puisses aligner tes futures décisions et actions plus étroitement avec ton Plan d'Incarnation.

Est-ce que cela signifie que les Guides Spirituels ne me donneront pas le numéro d'un billet gagnant de loterie ?

Bien sûr que non et je suis même surpris que tu poses cette question. As-tu déjà oublié mon conseil de ne pas suivre les désirs de ton mental ? Ne bouge pas, je vais voir si je peux trouver une autre planche de bois.

Chapitre Huit :
La Vie dans le Monde des Esprits

Peux-tu m'en dire plus, Albert, sur qui tu es et ce que tu fais dans le Monde des Esprits ?

Comme je te l'ai dit précédemment, je suis l'un de tes Guides Spirituels pour ton incarnation actuelle. J'ai moi-même vécu de nombreuses fois sur ta planète et j'ai accepté d'être l'un de tes Guides lorsque tu préparais le Plan d'Incarnation de ton incarnation actuelle. Toi et moi sommes membres de la même famille d'Âmes et nous avons vécu de nombreuses vies ensemble sur Terre. Dans notre incarnation la plus récente, tu étais mon père et nous vivions dans l'Irlande rurale du XIXe siècle. Tu étais cultivateur de pommes de terre et tu luttais pour nourrir et habiller ta femme et vos quatre enfants. Comme j'étais ton seul fils, j'ai travaillé dur dans les champs à tes côtés dès mon plus jeune âge, mais je n'ai pas souffert de ce dur labeur. J'ai beaucoup appris de toi dans cette vie, particulièrement que je ne devais jamais renoncer à poursuivre mes objectifs malgré tous les obstacles qui pouvaient se dresser sur mon chemin. Bien que tu sois mort d'une pneumonie alors que tu n'avais que 39 ans, tu as réussi à gagner suffisamment pour permettre à ta femme et à tes enfants de survivre.

Dans une de nos vies antérieures, en Grande-Bretagne au XVe siècle, j'étais un petit seigneur et tu étais mon valet. J'ai fait une chute tragique à cheval, quand j'étais jeune, qui m'a laissé infirme et confiné au lit pour le reste de cette vie. Tu m'as fourni des soins aimants et une attention sincère jusqu'à ma mort et je t'aimais comme un frère. Nous avions des conversations quotidiennes sur le sens de la vie et nous avons beaucoup appris l'un de l'autre pendant le temps que nous avons passé ensemble.

Nous avons vécu différentes relations dans des dizaines de pays. Souvent, tu étais ma mère ou mon père, et d'autres fois, nous étions frères et sœurs. Dans quelques incarnations, nous étions conjoints ou amis. Nous avons toujours apprécié nos aventures ensemble, même si nous n'en avons souvent pris conscience qu'après notre retour dans le Monde des Esprits.

Combien de vies ai-je eu jusqu'à présent sur cette planète ?

Plusieurs centaines. Il n'est pas important que tu en connaisses le nombre exact pour le moment.

Cela signifie-t-il que je suis censé être sage ?

Pas nécessairement. Parfois, les vieilles âmes apprennent lentement.

Je trouve ce sujet fascinant. Peux-tu m'en dire plus sur mes vies antérieures ?

Dans une vie au XIVe siècle en Italie (telle qu'on la connaît aujourd'hui), tu étais un moine qui s'occupait des vignobles du monastère et produisait un vin délicieux. Tu aimais ton travail et tu partageais généreusement ton vin avec les habitants des villages voisins. C'était une vie joyeuse pour toi – pleine de bonne nourriture, de bon vin et de compagnons fidèles.

Dans une vie plus récente en Écosse, tu as grandi dans un petit village avec ton vrai jumeau (qui est quelqu'un que tu connais dans ta vie actuelle). Vous étiez tous les deux des coquins malicieux et vous vous rendiez mutuellement fous, ainsi que votre mère, avec vos bêtises.

Tu as souvent choisi la vie d'explorateur et tu as souvent voyagé dans des contrées inexplorées. Une fois, tu t'es noyé dans le fleuve Amazone après être tombé de ton radeau pendant une violente tempête.

Tout cela est très intriguant. Continue, s'il te plaît.

Je pourrais continuer, mais cela ne te serait d'aucune utilité pour le moment. Tu pourras revoir toutes tes vies antérieures lorsque tu retourneras dans le Monde des Esprits. En attendant, tu devrais me poser d'autres questions afin de pouvoir terminer ton livre avant de mourir de vieillesse.

Très bien, nous laisserons les questions sur mes vies antérieures pour une autre fois. Peux-tu me dire pourquoi tu as décidé d'être l'un de mes Guides Spirituels ? Est-ce que j'ai d'autres Guides ?

J'ai librement choisi d'être l'un de tes Guides parce que j'ai pensé bien convenir pour ce rôle dans ta vie actuelle. Je l'ai fait avec une grande joie car je t'aime beaucoup. Je sais que tu m'aimes aussi et que tu seras probablement l'un de mes Guides Spirituels dans une incarnation future.

Tous les humains ont plusieurs Guides Spirituels à tout moment, mais les esprits qui remplissent ce rôle vont et viennent au fur et à mesure que ta vie progresse pour s'assurer que tu as toujours la meilleure équipe de coachs à chaque étape de ta vie. Tu as actuellement trois Guides Spirituels, dont moi. Je ne peux pas te donner plus de détails sur tes autres Guides, car cela pourrait compromettre les événements que tu as planifiés pour ta vie.

Est-ce difficile d'être Guide Spirituel ? Cela occupe-t-il tout ton temps dans le Monde des Esprits ?

Être un Guide Spirituel est une grande joie et un acte d'amour. Même si tu n'entends ou ne suis pas toujours mes messages, je comprends pourquoi il en est ainsi. Je sais que, quoi qu'il arrive sur Terre, ni toi ni moi ne pouvons échouer. C'est comme une mère qui regarde son bébé apprendre à marcher. Elle regarde son enfant faire ses premiers pas hésitants et tomber à plusieurs reprises ; cependant, elle n'est pas anxieuse ou impatiente, car elle sait que son bambin finira par apprendre à marcher et qu'il n'est pas nécessaire que cela se produise rapidement. De la même manière, je sais que tu feras de nombreuses erreurs et que tu t'égareras souvent, mais tu finiras par revenir ici, dans le Monde des Esprits, sans que cela ne t'affecte.

Les Âmes qui sont des Guides Spirituels ne sont pas entièrement occupées par ce rôle ; elles peuvent être engagées dans d'autres activités en même temps.

Que fais-tu dans le Monde des Esprits quand tu ne veilles pas sur moi ?

Je veille toujours sur toi – je n'abandonne jamais mon poste – même si je poursuis mes autres activités en même temps. La

plupart des Âmes du Monde des Esprits ont des "emplois" ou des projets qu'elles choisissent librement, mais elles ne sont pas obligées de faire quoi que ce soit de l'autre côté si tel est leur choix. Les Âmes réalisent diverses activités dans le Monde des Esprits pour accroître leurs connaissances et évoluer. De nombreuses Âmes offrent leur aide à d'autres Âmes qui créent de nouveaux Plans d'Incarnation, tandis que d'autres aideront les Âmes récemment passées à se familiariser à nouveau avec le Monde des Esprits. Aucune de ces activités n'est difficile ou ressemble à ce que vous considéreriez comme du travail sur Terre. Nous faisons ces choses librement et avec beaucoup d'amour et de joie.

Les Âmes n'ont pas de rendez-vous ni d'horaires dans le Monde des Esprits. Les Âmes peuvent choisir où elles veulent être et ce qu'elles veulent faire sans se soucier du temps qu'elles passent à chaque activité puisque le temps linéaire tel que vous le connaissez n'existe pas dans le Monde des Esprits. Même si les humains considèrent qu'une vie de quatre-vingts ans est une longue période, ce n'est qu'un "battement de cil" de l'autre côté. L'incarnation d'une Âme sur Terre n'entraîne pas d'interruption notable de ses activités dans le Monde des Esprits, car le temps passé sur Terre est relativement insignifiant.

Le Monde des Esprits doit être un endroit délicieux. Les Âmes là-bas doivent-elles manger ou boire ?

Les âmes du Monde des Esprits n'ont pas besoin de manger, de boire ou de respirer. Elles n'ont pas besoin de vêtements, d'abri ou de moyen de transport. Tout ce qu'une Âme désire, elle peut le créer instantanément par la pensée créative. Même si elles n'en ont pas vraiment besoin, les Âmes peuvent créer les choses qu'elles ont appréciées sur Terre ou dont elles auraient souhaité pouvoir profiter. Une Âme peut créer par sa pensée un immense manoir sur une belle plage ou un chalet en montagne et y vivre jusqu'à ce qu'elle ne le désire plus. Si une Âme veut se rendre dans un autre endroit, elle peut y voyager instantanément par le pouvoir de la pensée ou créer une Ferrari rouge et s'y rendre en voiture. Si une Âme aimait manger dans de bons restaurants lors de sa dernière incarnation, elle peut créer des restaurants gastronomiques et y dîner aussi souvent qu'elle le souhaite, même si les âmes du Monde des Esprits n'ont pas besoin de manger.

Les âmes font-elles l'amour dans le Monde des Esprits ? Se marient-elles et ont-elles des enfants ?

Les activités sexuelles au sens terrestre du terme n'ont pas lieu dans le Monde des Esprits. Très souvent, cependant, deux Âmes choisissent de fusionner leurs énergies pendant quelques instants de pure extase. Ce n'est pas dans le but de procréer, car les Âmes n'ont pas d'enfants de l'autre côté, mais simplement pour le plaisir intense que procure cette union temporaire. Il n'y a pas d'époux ou de relations engagées dans le Monde des Esprits, donc ces interactions ne rompent aucun engagement et ne provoquent aucune jalousie. Ces fusions entre deux Âmes se produisent librement et ouvertement et n'ont jamais d'impact sur les autres Âmes. Bien que les Âmes n'aient pas de famille comme sur Terre, elles appartiennent à des groupes d'esprits qui sont comme de grandes familles élargies.

Qu'en est-il du genre dans le Monde des Esprits ? Existe-t-il des Âmes masculines et féminines et cela affecte-t-il le genre qu'elles choisissent lorsqu'elles s'incarnent sur Terre ?

Les Âmes n'ont pas de genre spécifique dans le Côté Esprit. Elles choisissent souvent d'apparaître à d'autres Âmes sous une forme masculine ou féminine, mais il s'agit d'une question de préférence personnelle pour l'Âme. Les Âmes peuvent s'incarner dans l'un ou l'autre sexe et la plupart des Âmes choisiront les deux sexes au cours de leurs vies afin d'expérimenter toutes les facettes de la vie en tant qu'humain.

Y a-t-il des activités sportives et récréatives dans le Monde des Esprits ? Y a-t-il des terrains de golf là-bas ?

Quiconque souhaite jouer au golf dans le Monde des Esprits peut le faire quand il le souhaite sans avoir à réserver de créneaux. Les Âmes peuvent jouer sur l'un des parcours créés par d'autres Âmes ou une Âme peut créer par la pensée son propre parcours. Afin de rendre le jeu amusant et stimulant, les Âmes qui jouent au golf n'utilisent pas le pouvoir de la pensée pour influencer le vol de la balle, car faire un trou en un à chaque fois deviendrait vite ennuyeux.

Outre le golf, toutes les activités sportives et récréatives que les humains apprécient sur Terre sont disponibles dans le Monde des Esprits. Tu peux faire du ski alpin, du surf, de la plongée, du parapente, du kayak, de la randonnée et de l'escalade, pour n'en citer que quelques-unes, ainsi que toutes les activités d'intérieur comme le bowling, le squash et le billard. Tu peux assister à des pièces de théâtre, à des concerts ou profiter du soleil en encourageant ton équipe de base-ball préférée. Si tu le souhaites, tu peux retrouver des amis pour discuter autour d'une bière.

Si tu souhaites approfondir tes connaissances, tu peux assister à des conférences données par des professeurs et des experts réputés, organiser des séances de tutorat privé sur le sujet de ton choix, ou encore lire des livres ou regarder des vidéos dans l'une de nos bibliothèques.

Il n'y a pas d'abonnement ou de réservation nécessaires pour les activités du Monde des Esprits et il n'y a jamais de file d'attente. Si tu es las des activités terrestres dont tu te souviens, tu peux t'adonner à tous les différents types de sports et de loisirs courants sur d'autres planètes ou en inventer de nouveaux. Il n'y a pas de limites aux types d'activités qui s'offrent à toi, si ce n'est les limites de ta propre imagination.

Qu'en est-il de la chasse et de la pêche ? Puisque ces activités impliquent de tuer une autre créature, elles ne semblent pas avoir leur place de l'autre côté.

Ces « sports » sont disponibles dans le monde des Esprits bien que les animaux impliqués ne soient que des illusions créées par les chasseurs par la pensée créative. Étant donné que les Âmes du Monde des Esprits n'ont aucun désir de blesser ou de tuer d'autres créatures, même si elles ne sont pas réelles, ces activités sont rares ; elles sont généralement pratiquées par des Âmes qui ont récemment quitté la Terre et qui conservent leurs désirs terrestres. Ces âmes finissent par se désintéresser de la chasse et de la pêche et passent à d'autres activités.

Je suis heureux d'apprendre que je n'aurai aucun mal à être actif et à relever des défis dans l'autre Monde. Quand j'étais jeune, je me souviens que les films décrivaient souvent le paradis comme un endroit dans le ciel où les gens s'asseyaient sur des nuages blancs et douillets et écoutaient les anges jouer de la harpe. Même si cela semblait être une alternative agréable au fait de se lever tôt chaque jour pour aller travailler, je me demandais si on ne risquait pas de s'ennuyer au paradis si c'était tout ce qu'il y avait à faire.

L'ennui ne se produit que sur ta planète. Parce qu'il y a d'innombrables choses à faire dans le Monde des Esprits et des millions d'étoiles et de planètes à explorer, une Âme ne pourra jamais tout voir ou faire dans l'univers, même avec la vie éternelle dont elle bénéficie. Si une Âme désire contraster avec l'éventail infini d'activités intéressantes, amusantes et stimulantes du Monde des Esprits, elle peut s'incarner sur l'une des planètes des plans plus denses, comme la Terre, pour avoir une dose des conditions et des défis difficiles qui s'apparentent à une telle vie. Une Âme qui revient après une incarnation difficile apprécie encore plus l'extase du Monde des Esprits.

Donc, lorsque je retournerai dans le Monde des Esprits, je n'aurai pas à m'asseoir sur un nuage et à écouter de la musique de harpe tous les jours ?

Non, parce que je vais m'assurer que tu ailles vivre dans une de nos zones « sans harpe » ici. Mais tu devrais reconsidérer ta réticence à t'asseoir sur un nuage - ils sont vraiment très confortables.

Excuse-moi de ne pas rire, Albert. J'espère que ton humour s'améliorera avant que je ne retourne dans le Monde des Esprits.

Je me mets immédiatement au travail.

En attendant, j'ai encore quelques questions sur les Âmes et le Monde des Esprits. Tu as mentionné précédemment que les Âmes qui s'incarnent sur Terre ont différents niveaux d'évolution. Les Âmes ont-elles aussi différents niveaux d'avancement dans le Monde des Esprits ? Existe-t-il une hiérarchie des Âmes de l'autre côté ?

Les Âmes dans le Monde des Esprits existent à de multiples et divers niveaux d'avancement ou d'évolution, en fonction des connaissances et de la sagesse qu'elles ont acquises au cours de leurs incarnations précédentes. Comme je l'ai évoqué, les

Âmes peuvent acquérir des connaissances de différentes manières dans le Monde des Esprits, notamment en lisant des livres, en regardant des vidéos, en assistant à des conférences, en participant à des groupes de discussion et en profitant de séances privées avec les Sages. Les Âmes apprennent également beaucoup lors de leur revue de vie après chaque incarnation et en regardant d'autres Âmes faire leur propre revue de vie. Elles peuvent aussi apprendre beaucoup en jouant le rôle de Guide Spirituel pour une autre Âme pendant l'une de ses incarnations. La meilleure façon pour les Âmes d'apprendre est probablement d'explorer l'univers - en voyageant en tant qu'esprits (sans s'incarner dans des corps physiques) vers les étoiles et les planètes qui existent dans les plans plus denses de l'univers. Au cours de ces aventures, les Âmes peuvent apprendre beaucoup de choses sur l'univers et ces connaissances les aideront à choisir la planète de leur prochaine incarnation.

En fin de compte, la plupart des Âmes choisiront de s'incarner sur les plans plus denses pour faire l'expérience des choses dont elles ont besoin pour compléter les connaissances qu'elles ont acquises en tant qu'esprits. La sagesse ainsi acquise au cours de leurs vies sur les plans plus denses permet aux Âmes d'accélérer leur rythme d'évolution. Bien que les Âmes ne progressent pas au même rythme - certaines sont plus avancées que d'autres - il n'y a pas de hiérarchie des Âmes au sens terrestre du terme. Toutes les Âmes du Monde des Esprits sont égales, et les Âmes les plus avancées ne sont pas considérées comme supérieures ou meilleures que les Âmes moins avancées. C'est comme dans les écoles sur Terre, où les élèves de terminale ne sont pas considérés comme meilleurs que les élèves de maternelle - ils sont simplement plus avancés dans leur éducation formelle. Toutes les Âmes continuent d'évoluer - il n'y a jamais d'échec et il n'y a pas de calendrier ou d'échéances à respecter.

Quel est le but de l'évolution pour une Âme ? Que se passe-t-il lorsqu'une Âme a franchi tous les niveaux ? Qu'y a-t-il à la ligne d'arrivée ?

Les Âmes grandissent et évoluent parce que c'est la seule direction qu'elles peuvent prendre. Les Âmes ne reviennent jamais en arrière ; elles avancent et s'élèvent toujours. Les Âmes évoluent afin de ressembler toujours plus à Dieu à tous égards, ce qui est un objectif changeant car Dieu varie constamment. Il n'y a pas de fin aux niveaux de progression d'une Âme, ni de ligne d'arrivée. L'univers est infiniment vaste, avec un nombre infini de plans ou de dimensions qui changent en permanence. Les Âmes ne peuvent jamais finir d'explorer et d'expérimenter l'univers puisqu'il n'y a pas de fin à l'univers et à son état constant de changement. Chaque nouvelle expérience dans l'univers offre aux Âmes l'opportunité de continuer à grandir et à évoluer dans un processus sans fin.

Tu es en train de me dire que mon Âme est embarquée dans un voyage sans destination finale, un trek sans fin. J'ai du mal à appréhender ce concept. Peux-tu l'expliquer d'une manière que je puisse comprendre?

Le voyage de l'Âme que j'ai décrit est difficile à comprendre pleinement par l'esprit humain. C'est comme si un humain essayait de saisir les concepts d'éternité et d'infini, qui ne peuvent être compris complètement en raison des limitations inhérentes à l'esprit humain sur le plan terrestre. C'est comme si une personne aveugle de naissance essayait de comprendre la couleur en entendant d'autres personnes dire que l'herbe est verte ou que la rose en fleur a une teinte rouge vif. Ne te décourage pas, car tu comprendras à nouveau le sens et le but du voyage de ton Âme lorsque tu retourneras dans le Monde des Esprits.

J'en déduis que je n'ai pas d'autre choix que d'attendre d'être de retour dans le Monde des Esprits pour comprendre tous ces concepts ésotériques.

Ne sois pas pas pressé de revenir ici ; tu as encore beaucoup à faire dans ta vie. Tu dois prendre sur toi et profiter du voyage.

Chapitre Neuf :
De Nombreuses Vies, De Nombreux Lieux

Jusqu'à présent, Albert, nous avons parlé des Âmes qui s'incarnent en tant qu'humains, mais tu as mentionné que les Âmes pouvaient aussi s'incarner sur d'autres planètes. Cela signifie-t-il qu'il y a de la vie sur d'autres planètes ?

Pensais-tu vraiment que Dieu avait créé toutes les étoiles de l'univers seulement pour que les humains aient quelque chose de beau à regarder chaque soir ? L'univers compte des millions d'étoiles avec des planètes qui abritent la vie sous différentes formes. Les Âmes du Monde des Esprits peuvent choisir de s'incarner dans des formes de vie sur n'importe laquelle de ces planètes.

Y a-t-il une vie intelligente sur l'une de ces planètes ? Existe-t-il dans l'univers une forme de vie plus avancée que la vie humaine ?

Il existe dans l'univers des formes de vie dotées d'une intelligence similaire à celle des humains et beaucoup de ces formes de vie ont une intelligence qui dépasse largement celle de l'homme et une technologie supérieure à celle que l'Homme a développée jusqu'à présent.

Ta vision sur les formes de vie, cependant, est entachée par ton esprit humain. Les Hommes pensent que la vie intelligente doit être semblable aux humains avec la capacité de penser, de raisonner et de développer des technologies. C'est un point de vue très simpliste et quelque peu arrogant. La vie intelligente dans l'univers existe sous de nombreuses formes et certaines n'ont pas de technologie du tout. Les humains ont tendance à croire que le progrès technologique est la seule véritable mesure du statut d'une forme de vie, mais cette vision est trop étroite. Les Âmes du Monde des Esprits sont en mesure d'apprécier la situation dans son vaste ensemble, ce qui leur

donne l'occasion de s'incarner sur des planètes où les formes de vie sont très différentes de celles des humains.

Pourquoi aucune de ces formes de vie avancées n'a contacté les humains pour nous faire connaître leur existence ?

Beaucoup de ces civilisations avancées observent la Terre depuis sa formation et plusieurs d'entre elles viennent sur votre planète pour interagir avec ses formes de vie, y compris les humains. Elles ont choisi de ne pas avoir de contact direct avec les humains jusqu'à présent, car cela n'était pas dans l'intérêt des humains à leur stade de développement et cela n'était, de leur point de vue, d'aucune utilité. Il y aura un moment dans l'avenir de la Terre où les humains auront un contact ouvert avec ces formes de vie.

Donc, lorsque je retournerai dans le Monde des Esprits après cette vie, je pourrai choisir de m'incarner dans une forme de vie sur une autre planète.

Oui, tu pourras et ta décision sera fondée sur ce que tu as vécu jusqu'à présent et sur ce que tu as besoin de vivre par la suite pour progresser dans ton évolution. Cela peut signifier que tu choisiras de revenir sur Terre pour de nouvelles incarnations ou que tu décideras d'expérimenter la vie sur une autre planète.

Comme je l'ai déjà mentionné, les Âmes du Monde des Esprits peuvent voyager à travers l'univers en tant qu'esprits afin d'explorer les planètes qui abritent des formes de vie. Au cours de ces aventures, les Âmes peuvent observer secrètement ces formes de vie sans perturber leur mode de vie normal. Les informations recueillies lors de ces missions sont très utiles à une Âme au moment de choisir la planète et la forme de vie pour sa prochaine incarnation. La multitude des choix disponibles est presque inimaginable, chaque forme de vie et chaque planète présentant un ensemble unique de circonstances et de défis. Étant donné que les Âmes sont éternelles et que leur évolution n'est soumise à aucun calendrier, elles ont des possibilités illimitées d'expérimenter la vie n'importe où dans l'univers, sous toutes les formes qu'elles désirent.

Si les Âmes peuvent s'incarner dans différentes formes de vie présentes sur d'autres planètes de l'univers, peuvent-elles aussi s'incarner dans différentes formes de vie sur Terre ? Les Âmes peuvent-elles s'incarner dans des animaux ?

Bien sûr. Les Âmes peuvent s'incarner dans des animaux sur Terre si elles le souhaitent.

Cette possibilité me perturbe. La vie en tant qu'humain comporte plus qu'assez de défis difficiles et je ne peux pas imaginer ce que ce serait de s'incarner en lapin où chaque jour tu serais en danger permanent de devenir le repas d'un renard ou d'un aigle. Ce doit être une existence horrible.

Une fois encore, tu vois les choses avec une perspective humaine. Les lapins sont confrontés à de nombreux dangers et, par conséquent, leur durée de vie est plus courte que celle ordinaire d'un être humain. D'un autre côté, ils vivent leur vie au jour le jour sans s'inquiéter de devenir le repas d'un prédateur puisqu'ils ne sont pas capables d'envisager ou d'anticiper les événements futurs. Ils n'ont pas non plus à se préoccuper de choisir l'école la plus adaptée à leurs enfants, de rembourser leur prêt hypothécaire, d'épargner pour la retraite ou de pour qui voter aux prochaines élections.

Les humains ont la conviction très arrogante qu'ils vivent des vies meilleures que tous les autres animaux de votre monde. Ils en concluent que le fait d'avoir un cerveau, qui leur permet de penser et de raisonner et des pouces opposables qui leur permettent de manipuler des outils, les rend supérieurs dans tous les sens à toutes les autres créatures. Cependant, comment les humains peuvent-ils juger que leur vie est meilleure que celle d'un dauphin avant d'avoir vécu la vie d'un dauphin ? Les humains sont-ils meilleurs que les dauphins parce qu'ils peuvent regarder la télévision et manger des pizzas ?

Les Âmes qui envisagent de s'incarner dans des animaux sur Terre ne considèrent pas cela comme horrible ou terrifiant, du moins pas plus que de s'incarner en tant qu'humain. Chaque incarnation offre à ton Âme des opportunités différentes et tu

as la possibilité de choisir les défis que tu souhaites relever dans une vie donnée.

Tu dois savoir, cependant, que la plupart des Âmes qui choisissent de s'incarner en tant qu'animaux le font avant de commencer leurs incarnations humaines. Étant donné que la plupart des autres animaux mènent des vies relativement simples par rapport aux humains, les Âmes qui viennent d'arriver sur le plan terrestre commenceront souvent par une vie plus simple en tant qu'animal avant de passer à des vies humaines plus complexes, bien que les Âmes puissent sauter cette étape et commencer par des incarnations humaines. Il est rare qu'une Âme qui s'est incarnée en tant qu'humain choisisse ensuite de s'incarner en tant qu'animal, car ce serait comme si un élève de terminale décidait de suivre des cours de CP ; le défi ne serait pas assez grand pour que cela en vaille la peine. Comme tu es maintenant incarné sous une forme humaine, il est peu probable que tu choisisses de t'incarner en tant qu'animal dans une vie future.

Cela signifie-t-il que les animaux ont une Âme ?

Il te suffit de regarder dans les yeux de ta petite chienne pour trouver ta réponse. Les animaux ont également des Âmes qui passent dans le Monde des Esprits lorsqu'ils meurent.

Si ma chienne meurt avant moi, est-ce que je la reverrai après mon passage ?

Absolument. Elle fera partie de ta fête de bienvenue dans le Monde des Esprits, attendant avec impatience ton retour.

Je suis ravi de l'entendre. Ce que tu dis me semble logique pour les chiens, les chats et les autres formes supérieures d'animaux, mais qu'en est-il des formes de vie inférieures, comme les insectes ?

Ce que tu appelles les formes de vie "inférieures" font toutes partie d'une force de vie universelle créée par Dieu qui relie tous les êtres vivants au reste de l'univers. À l'occasion, les Âmes entreprennent une brève visite dans ces animaux dans le cadre de leurs aventures terrestres, mais elles n'occupent jamais ces animaux de la naissance à la mort comme elles le feraient avec un humain. Les formes de vie inférieures ont des vies très simples, de sorte qu'une Âme peut rencontrer tout ce

qu'il y a à expérimenter dans un tel animal en un temps très court.

Je me suis rendu compte qu'il doit être particulièrement difficile pour les animaux de vivre sans pouvoir anticiper les événements futurs. Par exemple, notre petite chienne, Abby, déteste aller chez le vétérinaire ou chez le toiletteur. Ainsi, lorsque je la mets dans ma voiture, elle tremble souvent car elle ne sait pas si je l'emmène chez le toiletteur (qu'elle déteste) ou à la plage (qu'elle adore). De même, lorsqu'elle se réveille le matin de son rendez-vous chez le vétérinaire, elle ne sait pas que ce jour sera différent des autres jours de sa vie jusqu'à ce que je l'emmène dans le bureau du vétérinaire. Au moins, je suis conscient de quelques événements de mon avenir. Je sais que j'ai un rendez-vous chez le dentiste jeudi prochain à 9 heures et que samedi matin je pars en vacances.

Tu penses peut-être connaître certains des événements qui se produiront dans ton avenir, mais cependant rien n'est certain sur le plan terrestre. Tu pourrais mourir dans un accident de voiture en allant chez le dentiste ou tu pourrais succomber à une crise cardiaque pendant tes vacances. Il est possible que tu aies une tumeur maligne qui se développe dans ton cerveau en ce moment même, alors que nous parlons. De nombreuses choses peuvent arriver et interférer avec les événements que tu prévois dans ta vie et tu ne peux pas prédire ton avenir avec certitude.

Je suppose que tu as raison, bien que je n'y aie jamais pensé de cette façon. De ton point de vue, du Monde des Esprits, peux-tu me dire ce qui m'attend dans l'avenir ?

Je peux te dire qu'un jour tu vas mourir et que ton Âme retournera au Monde des Esprits ; cependant, je ne peux pas te donner plus de détails car cela interférerait avec ton Plan d'Incarnation et les objectifs que tu as fixés pour ta vie actuelle. Une grande partie de ton aventure consiste à faire face aux incertitudes de la vie et au défi de pouvoir affronter les événements inattendus, bons ou mauvais, avec une attitude positive en ne ressentant que de l'amour et de la compassion pour tous ceux qui t'entourent.

Je connaissais déjà ta réponse, mais ça valait le coup d'essayer. Si tu changes d'avis, tu me le feras savoir ?

Je le ferai, mais n'y compte pas.

103

Chapitre Dix :
Le Karma

J'étais récemment au supermarché du coin pour acheter un morceau de pain et une brique de lait. Le magasin était bondé, avec de longues files d'attente à chaque caisse. Au moment même où je me mettais au bout d'une des files, une jeune femme poussant un chariot plein est arrivée et je lui ai galamment fait signe de passer devant moi. À ma grande surprise, elle a secoué la tête et m'a fait signe de passer devant elle.

Quand elle a vu l'air surpris sur mon visage, elle a dit, "J'ai besoin du karma."

En faisant la queue, je n'arrêtais pas de penser à ce qu'elle avait dit. Si elle avait obtenu des points de karma en me laissant passer devant elle, avais-je perdu des points en parallèle ? Avais-je involontairement permis à cette personne de gagner facilement des crédits de karma à mes dépens ?

Le lendemain, je suis retourné au supermarché avec un plan. J'ai pris quelques articles et je suis allé à l'une des files d'attente des caisses. J'ai poliment fait signe à neuf autres clients, un par un, de passer devant moi. Après avoir finalement atteint la caisse et payé mes courses, j'ai quitté le magasin avec un grand sourire. J'avais très intelligemment obtenu un karma positif de ces personnes et elles ne le savaient même pas. Puis je me suis demandé : si j'ai pu gagner des points de karma si facilement aux dépens de ces personnes, en ai-je perdu pour avoir volé les leurs ?

Ce soir-là, j'ai fait des recherches sur la loi du karma sur Internet. J'ai découvert qu'il existe plusieurs points de vue différents sur la nature du karma et la façon dont il affecte tout dans l'univers. Pour beaucoup de gens, le karma est la loi de "cause à effet" qui opère pour que "l'on récolte ce que l'on sème". Pour ces personnes, le karma est une loi immuable de l'univers, comme la loi de la gravité, qui régit toutes les actions dans l'univers. En termes simples, si je frappe une personne, j'ai créé une "dette" karmique qui doit être remboursée plus tard dans cette vie ou dans une autre vie afin d'équilibrer les comptes.

Je peux rembourser cette dette en recevant une action négative similaire (par exemple, je reçois un coup de poing), ou je peux rééquilibrer le karma avec une action positive dirigée vers une autre personne. Sous ce précepte, je serais contraint de continuer à m'incarner sur Terre jusqu'à ce que j'aie remboursé la dette karmique que j'ai accumulée dans toutes mes vies antérieures.

Il existe aussi plusieurs religions qui croient que l'équilibre karmique des individus à la fin d'une vie détermine qui ils seront dans leur prochaine vie. S'ils mènent une bonne existence et ne créent pas de dettes karmiques, leur prochaine vie sera meilleure que leur vie actuelle. S'ils sont mauvais dans cette vie, leur prochaine incarnation sera pire.

Je me suis demandé : "Si le karma fonctionnait ainsi, comment pourrais-je savoir où je me situais sur l'échelle karmique ? Mon solde était-il positif ou négatif ? Toutes les actions avaient-elles les mêmes crédits ou débits karmiques, ou certaines actions avaient-elles plus de valeur que d'autres ?" Par souci d'équité, je me suis dit qu'il devrait y avoir un moyen pour les gens de vérifier leur équilibre karmique en permanence et je me suis demandé si je pouvais acheter un karmamètre chez Carrefour.

J'ai décidé d'apprendre d'Albert la vérité sur le karma. Comme d'habitude, il était là pour répondre à mes questions.

Albert, je me débats avec le concept de karma. J'aimerais savoir si le karma existe et, s'il existe, comment il s'intègre dans le grand plan que tu as décrit. Plusieurs religions affirment que la loi du karma détermine les circonstances de la prochaine vie des individus, en fonction de ce qu'ils font dans leur vie actuelle. D'autres estiment que le karma est la loi de "cause à effet" qui opère pour assurer l'équilibre de toutes les actions dans l'univers.

Aucune de ces conceptions du karma n'est correcte. Le problème avec le premier point de vue est qu'une Âme n'aurait pas la liberté de créer des Plans de Vie pour ses vies futures puisque les lois du karma dicteraient les détails de chaque nouvelle vie en fonction des performances passées de l'Âme. La vision "cause et effet" limiterait également la capacité d'une Âme à créer un Plan d'Incarnation de son choix, puisque le karma prescrirait ce qui doit être inclus afin d'équilibrer toutes les actions précédentes. De même, une Âme

105

ayant une dette karmique ne serait pas libre de cesser de s'incarner à tout moment, car elle serait obligée de poursuivre ses vies jusqu'à ce qu'elle ait équilibré son karma.

Toutes les Âmes ont le droit de choisir quand et où s'incarner et de créer leur propre Plan d'Incarnation. Les Âmes peuvent également cesser de s'incarner sur Terre quand elles le souhaitent. Ces droits ne sont en aucun cas restreints par Dieu ou le karma. Le karma n'est pas une loi immuable de l'univers. Le karma est un système permettant de suivre les actions positives et négatives des Âmes au cours de leur incarnation. Après chaque vie, l'Âme note le bilan karmique de toutes ses incarnations précédentes, ce qui influence le choix propre de l'Âme pour sa prochaine vie et les événements à inclure dans son Plan d'Incarnation. Les Âmes ont un fort désir d'équilibrer leur karma sur Terre dans le cadre de leur évolution, mais elles ne sont jamais forcées de le faire. Elles ont toujours le droit d'ignorer une dette karmique si elles le souhaitent.

Cela me paraît logique et cohérent avec ce que tu m'as dit sur le processus d'incarnation et l'évolution de l'Âme. Puisque les Âmes ont un fort désir de rembourser leur dette karmique même si elles ne sont pas forcées de le faire, cela signifie que les gens devraient toujours s'efforcer d'être bons afin d'améliorer leur équilibre karmique. Les Âmes ont besoin de karma positif pour se sentir à l'aise à l'idée de quitter le plan terrestre.

Tu as raison. Les gens peuvent créer un karma positif en traitant tout le monde avec amour, compassion et pardon, et en évitant la tentation de réagir de manière négative à la douleur que d'autres humains leur infligent. Les actes positifs ont souvent un effet multiplicateur qui peut inspirer d'autres personnes à être gentilles et compatissantes elles aussi. Malheureusement, les actes négatifs peuvent avoir le résultat inverse. Avant d'entreprendre une action dans ta vie, demande-toi toujours ce que ton Âme voudrait que tu fasses dans cette situation, puis fais de ton mieux pour répondre au désir de ton Âme. Si tu y parviens, tu vivras une vie beaucoup plus heureuse, tu répandras l'amour et le bonheur autour de toi et tu aideras ton Âme dans son évolution.

J'aimerais en savoir plus sur la manière dont les actions positives et négatives affectent le score karmique d'une Âme. Si je gagne des points de karma en laissant un autre client passer devant moi à la caisse, cette personne perd-elle un nombre égal de points ? Si oui, est-ce que je perds des points pour avoir essayé d'en gagner aux dépens d'une autre personne ?

Le karma n'est pas un jeu à somme nulle. Dans ton exemple, tu gagnerais des points de karma pour ton acte généreux, mais la personne qui en bénéficie n'en perdrait aucun. Il n'y a aucune action que tu puisses entreprendre qui te procurera des points au détriment d'une autre personne. La somme totale de toutes les actions positives et négatives de toutes les Âmes sur Terre n'a pas à être à l'équilibre. Il y a eu de nombreuses périodes dans l'histoire de l'humanité où le score karmique collectif de toutes les Âmes a été très négatif. Les humains ont fait de grands progrès dans leur quête pour créer de plus en plus de karma positif, et à un moment donné dans l'avenir, le karma collectif sur Terre sera positif. Ce sera une moment mémorable pour votre planète et tout le monde dans le Monde des Esprits applaudira chaudement.

Il ne fait aucun doute que la Terre sera un endroit beaucoup plus heureux lorsque nous aurons atteint cet objectif. Peux-tu me dire, Albert, comment sont mesurés les points de karma ? Certaines actions ont-elles une valeur plus élevée que d'autres ? Et qui détermine la valeur karmique des actions sur Terre ?

La valeur karmique des actions d'une Âme est déterminée par l'Âme elle-même lorsqu'elle retourne dans le Monde des Esprits après chaque incarnation. Lors de sa revue de vie, lorsqu'elle est bien plus à même de comprendre comment ses bonnes et mauvaises actions ont affecté les autres, chaque Âme attribue une valeur à ses actions dans le cadre de l'évaluation globale de sa vie précédente. Certains actes ont plus de poids que d'autres. Déposer quelques pièces dans le chapeau d'un sans-abri génère un karma positif, mais passer trois heures un samedi à servir des repas dans une cantine solidaire est encore plus positif. L'évaluation karmique est un art, pas une science, et chaque Âme détermine de bonne foi son propre score karmique après chaque vie sur Terre.

Chapitre Onze :
L'illusion du Temps

Maintenant que tu as expliqué le fonctionnement du karma, Albert, as-tu le temps de répondre à quelques autres questions qui me sont venues à l'esprit après avoir repensé à nos conversations ?

J'ai tout le temps que tu souhaites puisque le temps linéaire tel que tu le connais sur Terre n'existe pas dans le Monde des Esprits.

Je me souviens que tu as déjà mentionné cette question du temps dans le Monde des Esprits, mais je dois admettre que je ne comprends pas ce concept. Peux-tu me l'expliquer ?

Il s'agit d'un concept très difficile à comprendre pour les humains, car il est très éloigné de ce qu'ils observent autour d'eux tous les jours. L'intervalle perçu entre le début et la fin des événements s'appelle le temps, qui peut être mesuré par des horloges. Étant donné que la pensée créative n'existe pas sur Terre (du moins pas de la manière dont elle fonctionne dans le Monde des Esprits), les événements ne se produisent pas instantanément. Si tu joues au base-ball avec ton fils, à un moment donné, la balle est dans ta main, et après que tu aies lancé la balle vers ton fils, cette dernière est dans son gant. L'intervalle entre le moment où la balle quitte ta main et celui où elle finit dans le gant de ton fils est appelé le temps, qui peut être mesuré en secondes. Dans le Monde des Esprits, la balle quitterait ta main et apparaîtrait instantanément dans le gant de ton fils par la pensée créative. Il n'y aurait pas d'intervalle perceptible entre ces événements, car ils se produiraient tous deux simultanément.

La pensée créative serait un outil merveilleux pour les humains. Cela rendrait la vie tellement plus facile. Pourquoi ne pouvons-nous pas utiliser la pensée créative ici ?

Ce que vous avez sur Terre est comme une pensée créative au ralenti. Toutes les actions et créations dans l'univers commencent par une pensée. Sur votre planète, si tu réalises

que tu aimerais manger une pomme, tu dois passer par plusieurs étapes pour y parvenir. Tu dois mettre ta veste, trouver tes clés de voiture et aller au supermarché. Après avoir trouvé une place de parking, tu dois entrer dans le magasin, choisir une pomme et passer en caisse. Puis tu dois remonter dans ta voiture et rentrer. Tu te retrouveras alors au point de départ, mais cette fois avec une pomme dans la main. Tout ce processus, depuis ta pensée première, ton envie de pomme, jusqu'à ce que tu l'aies en main, peut prendre quinze ou vingt minutes, avec de nombreuses pensées et actions intermédiaires. Dans le Monde des Esprits, si tu veux une pomme, elle apparaîtra instantanément dans ta main grâce à la pensée créatrice.

La raison pour laquelle vous n'avez pas la pensée créative sur Terre est de faire en sorte que tout se passe très lentement (par rapport au Monde des Esprits) pour donner aux Âmes une chance de comprendre tous les événements de leur vie et la façon dont leurs actions affectent les autres. L'intervalle entre le début et la fin d'un événement offre aux Âmes l'occasion de réfléchir au résultat de leurs actions avant que l'événement suivant ne se produise.

Si vous regardez un match de football américain à la télévision, tout va tellement vite que vous manquez souvent beaucoup des choses qui se passent sur le terrain. Ce n'est que lorsque vous regardez le ralenti de la passe de touchdown que vous remarquez l'excellent blocage du plaqueur droit sur le secondeur et la feinte de tête du receveur écarté pour se dégager.

L'illusion du temps linéaire sur le plan terrestre permet aux Âmes de voir les événements au "ralenti" ; c'est un outil d'apprentissage pour aider les Âmes à réaliser l'effet de leurs décisions et de leurs actions et pour leur donner une meilleure compréhension de leurs expériences sur ta planète.

N'y a-t-il pas certains événements dans le monde des Esprits, comme le lever et le coucher du soleil, qui se produisent avant ou après d'autres événements ? La différence ne serait-elle pas considérée comme un intervalle de temps ?

Dans le Monde des Esprits, le soleil ne se lève pas et ne se couche pas comme sur Terre. Les Âmes du Monde des Esprits peuvent choisir d'être en plein jour ou dans l'obscurité comme elles le souhaitent et personne n'est obligé de suivre le même schéma. Si la transition entre la lumière du jour, l'obscurité puis à nouveau la lumière se produit, elle est instantanée ; il n'y a pas d'intervalle perceptible entre les deux. Tout le reste fonctionne de même et se produit instantanément et concomitamment dans le Monde des Esprits, il n'y a donc jamais d'intervalles entre les événements qui puissent être remarqués ou mesurés.

Cela signifie que dans le Monde des Esprits, il n'y a pas de passé ou de futur tel que tu le conçois. Lorsque tu tiens la balle, prêt à la lancer, tu peux prévoir qu'elle va se déplacer dans les airs et atterrir dans le gant de ton fils. C'est, pour toi, le futur. Après avoir lancé la balle à ton fils, l'action précédente de tenir la balle dans ta main est quelque chose qui fait maintenant partie du passé. Cependant, puisque tous les événements du Monde des Esprits se produisent simultanément, tout ce qui s'est produit dans le "passé" ou qui se produira dans le "futur" se produit maintenant dans le présent.

Pour t'aider à comprendre, laisse-moi te donner un exemple (simplification excessive de ce qui se passe dans le Monde des Esprits) en utilisant des images qui te sont familières. Imagine que tu te trouves au milieu d'un terrain de football, face au banc de l'équipe locale. Tu remarques les pom-pom girls de cette équipe en train d'encourager leurs joueurs sur la ligne de touche. Au même moment, derrière toi, les pom-pom girls de l'équipe adverse font également leur numéro. Tu peux voir les pom-pom girls de l'équipe locale parce que tu leur fais face, mais tu ne peux pas voir les autres car elles sont derrière toi. Si tu te retournes, tu verras alors les pom-pom girls de l'équipe visiteuse et celles de l'équipe locale ne seront plus visibles. Pour toi, les encouragements de l'équipe locale se sont produits en premier, suivis par ceux des pom-pom girls de l'équipe adverse. Mais en fait, les deux groupes de pom-pom girls se produisaient en même temps – tu les as simplement remarqués dans un certain ordre parce que tu ne pouvais voir qu'un seul groupe à la fois. Si tu pouvais voir à 360 degrés autour de toi en même temps, tout se passerait au même moment et les événements n'auraient pas d'enchaînement apparent.

Dans le Monde des Esprits, tout se produit de façon continue et simultanée à un seul moment du temps - le présent. Les Âmes peuvent se concentrer sur l'événement ou l'activité de leurs choix, puis changer de centre d'intérêt quand elles le souhaitent, mais tout se produit en même temps.

J'ai beaucoup de mal à comprendre ce concept. Tout ce qui m'entoure et tout ce que je fais chaque jour est affecté par le temps et il est difficile d'envisager un endroit où il n'existe ni passé ni futur, seulement un présent.

Ce n'est pas important que tu comprennes cela maintenant. Tu comprenais ce concept avant de t'incarner et tu comprendras à nouveau cette réalité lorsque tu rejoindras le Monde des Esprits. Pendant ta vie sur Terre, tu dois accepter le fait que tu es contraint de vivre avec les limitations de ton esprit humain qui amputent ta capacité à comprendre pleinement ce que je t'ai dit sur le temps dans le Monde des Esprits.

Chapitre Douze :
Mémoires de l'Âme

C'est très frustrant, Albert, de devoir vivre avec les limitations de mon esprit humain, surtout quand tu me dis que j'ai nettement plus de connaissances quand je suis dans le Monde des Esprits. Peux-tu me dire pourquoi je ne peux pas accéder à toutes mes mémoires de vies antérieures et du Monde des Esprits ?

Si tu te souvenais de toutes tes vies antérieures, ce serait un fardeau difficile à porter dans ta vie actuelle. Tu te rappellerais toutes les mauvaises actions que tu as faites dans tes vies antérieures, ainsi que de toutes les douleurs physiques et émotionnelles que tu as subies aux mains d'autres personnes. Ces mémoires seraient très pénibles et tu passerais trop de temps à essayer de gérer la culpabilité de tes méfaits passés et la colère ou tristesse pour les actions blessantes subies. Ces souvenirs accapareraient ton attention et t'empêcheraient de vivre ta vie conformément à ton Plan d'Incarnation.

De même, si tu te remémorais le bonheur et l'amour dont tu bénéficies dans le Monde des Esprit avant ta naissance, il te serait plus difficile de poursuivre ton parcours comme prévu. La vie sur Terre n'est pas simple, la Terre est une école difficile. Si tu te rappelais à quel point le Monde des Esprits est merveilleux et que tu savais que tu y retournerais à ta mort, il serait très tentant de précipiter ton retour en t'ôtant la vie. Cela mettrait fin à ton incarnation avant que tu n'aies eu la chance de faire l'expérience proposée par ton Âme lorsqu'elle a créé ton Plan d'Incarnation.

Enfin, tout souvenir des détails de ton Plan d'Incarnation porterait préjudice à ton aventure puisque tu saurais à l'avance quels événements sont susceptibles de se produire et comment tu es censé y réagir. Ce serait comme si les

professeurs de lycée donnaient à leurs élèves les questions et les réponses des examens finaux avant les épreuves. Les élèves n'auraient aucun intérêt à passer l'examen et personne n'aurait besoin d'étudier pour celui-ci.

Y a-t-il des exceptions à cette règle ? Est-il parfois possible que ces souvenirs nous parviennent au cours de notre vie ?

Parfois, quelques-uns de ces souvenirs parviennent à l'esprit humain, soit directement, soit inconsciemment. Dans ces cas, la capacité d'une personne à accéder à ces mémoires résulte généralement d'un effort concerté des Guides Spirituels de la personne pour ouvrir des canaux de conscience afin de faire avancer le Plan d'Incarnation de l'individu.

Il existe de nombreux exemples de ce phénomène. Le plus courant est le sentiment de "déjà vu" que beaucoup de personnes ont ressenti à un moment ou à un autre de leur existence. Cela se produit souvent lorsqu'elles se rendent dans un endroit pour la première fois et qu'elles ont la sensation étrange d'y être déjà allées, car l'environnement leur semble familier. Dans la plupart des cas, ces personnes accèdent à la mémoire résiduelle d'une vie antérieure où elles vivaient dans cette ville.

Dans quelques cas, les souvenirs d'une vie antérieure se manifestent dans une nouvelle vie par des talents musicaux ou artistiques éclatants, notamment chez les enfants prodiges. Mozart a commencé à composer de la musique à l'âge de cinq ans, âge auquel la plupart des autres enfants s'occupent avec des jouets. Il a très certainement pu accéder aux souvenirs d'une vie antérieure de musicien et de compositeur, ce qui lui a donné un avantage dans sa nouvelle incarnation. Souvent, les Âmes qui ont dédié leur vie sur Terre à une passion particulière se réincarnent en une personne qui peut poursuivre cette voie dans une autre vie. Il arrive aussi souvent que de jeunes enfants soient capables de décrire en détails un lieu qu'ils n'ont jamais visité auparavant et/ou de comprendre une langue à laquelle ils n'ont jamais été exposés dans leur vie actuelle. Ces enfants se souviennent de lieux et d'événements d'une vie antérieure.

Parmi les aspects négatifs, les mémoires de vies antérieures peuvent déclencher des peurs ou des phobies chez les humains. Les personnes qui ont une forte peur de l'eau ont peut-être accès à un souvenir résiduel de noyade dans une vie antérieure. Celles terrifiées par les hauteurs sont peut-être mortes de cette façon dans une autre vie. Parfois, ces mémoires résiduelles d'événements survenus dans une vie antérieure se traduisent par des anomalies physiques dans la vie actuelle d'une personne. Une personne souffrant d'une douleur à la jambe, médicalement inexplicable, pourrait être affectée par la mémoire d'une vie antérieure en tant que soldat pendant la Première Guerre mondiale, mort d'une blessure par balle à la cuisse.

Je me suis souvent questionné sur ce fait, en prenant du recul. L'un de mes défauts a été mon manque de patience. Je me sens très frustré lorsque les choses n'arrivent pas assez vite. Je me dis maintenant que j'ai peut-être accès à des souvenirs résiduels du Monde des Esprits où tout se passe instantanément grâce à la pensée créative, si bien que le processus de création dans ce monde me semble incroyablement lent en comparaison.

Dans ton cas, cela contribue à ton impatience, mais ne te dispense pas d'essayer de surmonter cette tendance afin d'apprécier la Terre où tu vis actuellement et d'apprendre de ton voyage. Rappelle-toi que tu as choisi de t'incarner sur Terre et que tu connaissais les conditions auxquelles tu serais confronté dans ta nouvelle vie, alors ne te plains pas de la lenteur des événements sur ta planète. Tu seras bien assez vite de retour dans le Monde des Esprits, où tu pourras à nouveau profiter de la rapidité de la pensée créative. D'ici là, tu vas devoir vivre ta vie avec toutes les limitations dont tu fais actuellement l'expérience.

Tu as dit que l'une des raisons pour lesquelles les humains ne peuvent pas accéder à leurs mémoires prénatales est qu'ils pourraient être tentés de s'ôter la vie pour précipiter leur retour dans le confort et le bonheur du Monde des Esprits. Comme tu le sais, la plupart des sociétés abhorrent le suicide et de nombreuses religions le considèrent comme un grave péché. Le suicide est-il contraire aux lois de Dieu ? Une Âme peut-elle inclure le suicide dans son Plan d'Incarnation ?

Le suicide, comme tout ce qui se passe sur Terre, n'est pas intrinsèquement mauvais. Dieu ne punit personne pour s'être suicidé, de la même manière qu'Il ne punit pas les Âmes pour tout ce qu'elles font d'autre dans leurs vies.

La plupart des sociétés considèrent le suicide comme l'acte lâche d'individus désespérés qui ne veulent pas persévérer dans la vie que Dieu a créée pour eux. Le suicide est considéré comme un péché car les gens pensent qu'il contrecarre les plans de Dieu pour ces individus. Historiquement, cependant, certaines sociétés n'ont pas considéré le suicide comme totalement mauvais. À l'époque romaine, on attendait d'un citoyen disgracié qu'il fasse ce qui était honorable et qu'il tombe sur son épée. Dans le Japon féodal, les guerriers samouraïs qui étaient sur le point d'être capturés devaient mourir avec honneur en commettant le seppuku, une forme de suicide ritualisé.

Dans le Monde des Esprits, le suicide est déconseillé lorsqu'il est utilisé comme une échappatoire aux épreuves et aux difficultés auxquelles les gens peuvent être confrontés dans leur vie, puisque ces circonstances étaient certainement ce que leur Âme avait voulu endurer lorsqu'elle a créé son Plan d'Incarnation. Dans de nombreux cas, ces personnes bloquent tous les messages positifs de leur Âme et de leurs Guides Spirituels et refusent d'accepter qu'elles ont créé leur propre réalité. Très souvent, elles se considèrent comme des victimes, qui ont été traitées durement et injustement, et n'ont aucun espoir en un avenir meilleur. Parfois, les individus se suicident pour blesser d'autres personnes, comme leur conjoint et/ou leurs enfants, afin de se venger de leurs actions blessantes antérieures.

Même si les personnes qui se suicident ne sont pas punies pour avoir agi ainsi, dans la plupart des cas, cela se traduit par des vies partiellement gâchées car elles ont manqué certains des défis importants qu'elles espéraient vivre. Une fois de retour dans le Monde des Esprits, les Âmes réalisent qu'elles doivent retourner sur Terre dans une autre vie pour essayer à nouveau. En de rares occasions, il est possible pour une Âme d'inclure le suicide comme point de sortie dans son Plan d'Incarnation.

Si une personne envisage un suicide qui n'est pas un point de sortie du Plan d'Incarnation, comment vont réagir les Guides Spirituels ?

Ils essaieront de persuader la personne de tenir bon, généralement en la coachant au moyen de messages transmis pendant son sommeil et ses rêves.

Tu as mentionné à plusieurs reprises que nous recevons souvent des messages du Monde des Esprits lorsque nous dormons. Peux-tu développer ce point ?

Le sommeil est un "temps mort" pour le corps et l'esprit, ainsi que pour l'Âme. Comme tu t'en es rendu compte, la vie sur Terre n'est pas facile ; elle est pleine d'inconforts et de douleurs. Au niveau humain, le sommeil est l'occasion pour le corps de se reposer pour permettre la croissance et le ressourcement. Pour le mental, il s'agit d'une période pendant laquelle il peut s'éteindre et stopper le barrage constant d'informations physiques et émotionnelles qu'il reçoit lorsqu'il est éveillé, lui offrant ainsi un répit dans l'agitation causée par l'analyse et la réaction à ces informations.

Plus important encore, le sommeil permet à une Âme de s'échapper de sa forme humaine et de voyager dans le Monde des Esprits. Puisqu'une Âme fait l'expérience de tout ce que son humain vit dans sa vie, elle a besoin de cette pause temporaire pour lui donner l'occasion de réfléchir aux événements de la journée.

Que fait une Âme quand elle quitte son humain pendant son sommeil?

Elle se rend dans le Monde des Esprits pour retrouver ses Guides Spirituels et les autres Âmes de son groupe d'Esprits. Elle discute des événements récents de sa vie et passe en revue le programme à venir de son Plan d'Incarnation. Ses Guides Spirituels lui donnent des conseils et l'encouragent affectueusement.

C'est comme un match de football sur ta planète. À la mi-temps, les joueurs quittent le terrain pour rejoindre les vestiaires où ils peuvent se détendre et reposer leurs corps fatigués. Leurs entraîneurs passent en revue les actions de la première mi-temps et montrent comment ils auraient pu éviter leurs erreurs. Ils font un discours d'encouragement à l'équipe pour qu'elle retourne sur le terrain avec une attitude positive.

De la même manière, lorsque les gens sont endormis, leur Âme écoute les conseils de ses Guides Spirituels et considère ce qui s'est passé jusqu'à présent dans sa vie. Très souvent, l'Âme ajuste son Plan d'Incarnation en fonction de ces conseils.

Je peux comprendre qu'une Âme ait besoin de s'échapper de la vie sur cette planète. Est-ce pour cela que beaucoup de gens ont du mal à se lever le matin et qu'ils ont sommeil le soir?

Puisque tout est si agréable dans le Monde des Esprits, une Âme est souvent réticente à retourner dans son corps le matin pour une autre journée sur Terre et elle est impatiente d'y retourner chaque nuit, ce qui influence les actions et les tendances de l'humain qu'elle incarne.

J'ai remarqué au cours de ma vie que je semble avoir besoin de moins de sommeil que lorsque j'étais plus jeune et que je ne dois pas lutter pour me lever le matin comme je le faisais il y a quelques années. Pourquoi cela se produit-il ?

Cela fait partie de la progression de ton Âme dans ton incarnation. Lorsque tu es né et que ton Âme a pénétré ton corps pour la première fois, toute cette épreuve fut désagréable et difficile. Rappelle-toi que ton Âme venait du Monde des Esprits et que la vie dans ton monde est relativement difficile en comparaison. À ce premier stade de ta vie, ton Âme avait besoin de plus de temps hors de ton corps que maintenant et c'est pourquoi tu passais plus de temps à dormir quand tu étais bébé. En grandissant, ton Âme s'est habituée à être dans ton corps et à supporter les difficultés, et elle a maintenant moins besoin de s'échapper.

Mon âme quitte-t-elle mon corps uniquement pendant mon sommeil nocturne ou bien également pendant une sieste ?

Ton Âme quitte aussi ton corps pendant une sieste, même si celle-ci est très courte.

Je réalise un autre aspect du sommeil. Souvent, lorsque les gens sont confrontés à un choix difficile, comme l'achat d'une nouvelle voiture ou l'acceptation d'une offre d'emploi, ils reportent leur décision au lendemain pour pouvoir "dormir dessus". J'ai souvent trouvé plus facile de prendre une décision difficile après une bonne nuit de sommeil.

Cela arrive assez souvent. Ton esprit humain a le sentiment intuitif qu'il devrait être guidé sur ces questions par tes Guides Spirituels et une période de sommeil donnera à ton Âme l'occasion de consulter tes Guides et de te communiquer la réponse. Ainsi, lorsque tu te sens en détresse ou que tu as du mal à prendre une décision, tu seras plus à même d'y faire face après une période de sommeil.

Chapitre Treize :
La loi de l'Attraction

Tu as parfaitement répondu à toutes mes questions jusqu'à présent, Albert, et je me demande si je peux te demander ton avis concernant une croyance qui est devenue populaire ces dernières années - la Loi de l'Attraction. Plusieurs livres à succès ont vanté cette théorie et beaucoup de gens croient qu'elle fonctionne. La thèse principale de cette "loi" est que "le semblable attire le semblable" et que les pensées et les intentions sont de puissantes forces créatrices dans l'univers. Si une personne a des pensées positives et dit : "Je vais acquérir beaucoup d'argent" ou "Mon avenir sera plein de richesse et de succès", l'univers lui accordera argent et succès.

Que penses-tu de la Loi de l'Attraction ?

C'est vrai, les pensées sont le point de départ de la création de toutes choses dans l'univers, bien que les adeptes de la Loi de l'Attraction exagèrent souvent leur pouvoir et leur efficacité sur le plan terrestre. Dans le Monde des Esprits, les pensées sont très puissantes et les choses qu'elles créent se produisent instantanément grâce à la pensée créative. Comme rien ne manque dans le Monde des Esprits, les pensées ne sont jamais conflictuelles ou concurrentes.

C'est très différent, cependant, sur le plan terrestre. Les pensées sur Terre sont toujours créatives, mais elles ne sont pas aussi puissantes que celles du Monde des Esprits. Il faut plus de temps pour que leurs créations se matérialisent. C'est dû au fait que le plan terrestre a un taux vibratoire plus bas et une masse plus dense que le Monde des Esprits, et que les choses se passent à un rythme plus lent. Comme je l'ai déjà mentionné, cette pensée créatrice ralentie a été conçue pour fournir un intervalle de temps linéaire entre le début d'une action et son achèvement, afin que les humains (et leur Âme) aient la possibilité de comprendre les effets de leurs pensées et de leurs actes sur les autres personnes.

Dans mon exemple précédent avec la pomme, la pensée de départ, que tu aimerais manger une pomme, entraîne une série d'événements pour satisfaire ton désir, tels que te rendre au magasin, acheter une pomme et rentrer chez toi. Tu pourrais satisfaire cette envie encore plus rapidement si tu avais une pomme dans ton placard. Mais, contrairement au Monde des Esprits, une pomme ne va pas apparaître instantanément dans ta main dès que tu exprimeras le désir d'en avoir une.

Ce processus de création ne fonctionne pas toujours. Si tu es perdu au milieu du Sahara et que tu désires une pomme, tu ne pourras pas aller au supermarché pour en obtenir une. Il te faudrait peut-être plusieurs semaines avant de trouver une ville où l'on vend des pommes ou tu pourrais mourir de soif avant d'en trouver une. Si l'objet que tu désires est en quantité limitée (ce qui est souvent le cas), il peut s'écouler un long moment avant que tu ne l'aies en main, si tu y parviens. Dans le Monde des Esprits, si toutes les Âmes veulent une pomme en même temps, elles peuvent toutes l'obtenir instantanément grâce à la pensée créative.

Puisque la Terre ne dispose pas de ressources illimitées pour tous les biens matériels dont les humains ont besoin ou qu'ils désirent, nombre de leurs désirs ne sont pas satisfaits. En revanche, si une personne recherche le bonheur, elle peut l'atteindre même si tout le monde veut la même chose, car le bonheur est un état d'esprit qui ne dépend pas de la quantité de biens qu'une personne possède.

Le pouvoir de la pensée sur Terre est amplifié proportionnellement au nombre de personnes qui désirent le même résultat. Les pensées simultanées de cent personnes désirant exactement la même chose auront une plus grande influence que le désir d'une seule personne. Même si elle n'est

pas organisée, la pensée de groupe affecte régulièrement les choses.

Es-tu en train de dire que la loi de l'attraction ne fonctionne pas tout le temps à cause des désirs en conflit des humains pour l'offre limitée de biens matériels à leur disposition ?

C'est l'une des raisons. Lorsque plus d'une personne veut quelque chose d'unique ou de rare, certains individus ne verront pas leurs souhaits exaucés en raison des limitations physiques du plan terrestre. L'autre raison pour laquelle cela ne fonctionne pas toujours est qu'on se concentre sur les désirs terrestres du mental, comme avoir plus d'argent, un meilleur travail ou une plus grande maison. Souvent, la réalisation de ces désirs va à l'encontre de ce que l'Âme voulait vivre en planifiant son existence et dans ce cas on se retrouve au milieu d'un conflit fondamental entre le mental et l'Âme. Par exemple, si une personne veut avoir un million de dollars, son Âme peut s'y opposer parce que cela l'inciterait à arrêter de travailler et à voyager autour du monde pendant un an, manquant ainsi l'occasion de postuler à une grande promotion professionnelle - un événement que l'Âme avait prévu dans son Plan d'Incarnation. Lorsque ce tiraillement se produit, l'Âme d'une personne envoie des messages mentaux puissants pour annuler ou modifier le souhait indésirable, ce qui amène souvent le mental à suivre inconsciemment les souhaits de l'Âme.

Si je n'obtiens pas toujours ce que je souhaite, est-il possible que ce soit mon Âme qui ne veuille pas que mon souhait se réalise parce que cela serait contraire à mon Plan d'Incarnation et qu'elle travaille activement en coulisse pour contrecarrer mes désirs ?

C'est très souvent le cas. Tu devrais toujours écouter ton Âme et ne pas te concentrer uniquement sur les désirs de ton mental. Tu sauras que tu es sur la bonne voie si tu te sens bien dans ton cœur.

Chapitre Quatorze :
Le Livre d'Albert

Environ un an après ma première rencontre avec Albert, j'ai pris ma retraite et j'ai cessé de pratiquer le droit. J'ai poursuivi mes échanges avec Albert tout en m'efforçant d'écrire mon livre. Je m'asseyais souvent dans notre patio, mon ordinateur portable sur les genoux, mais j'étais souvent distrait par les golfeurs qui s'exerçaient sur le neuvième trou. Même si le golf semblait être une meilleure alternative, je savais que je devais continuer à travailler sur ce livre, sous peine de ne jamais le finir. Je me suis souvent demandé comment j'avais pu me lancer dans ce projet, car j'avais espéré que la retraite me permettrait de passer la plupart de mes journées à jouer au golf, à faire de la randonnée, du kayak ou à me prélasser au soleil en lisant un bon livre. Au lieu de cela, je devais passer un temps considérable, chaque jour, à écrire au sujet de mes conversations avec Albert. Avec ma chance, je savais que je pourrais mourir avant d'avoir l'opportunité de profiter de mes années d'or. Et si personne ne lisait mon livre, qu'aurais-je à montrer pour tous mes efforts ? Je savais qu'il était temps, une fois de plus, de faire un point avec Albert.

Je suis un peu inquiet, Albert, à l'idée d'écrire un livre sur nos conversations comme tu l'as suggéré. Presque toutes les choses que tu m'as dites sont "très bizarres" et beaucoup de gens vont penser que j'ai perdu la tête ou que je souffre de démence. D'autres seront furieux que j'aie tenté de saper les fondements de leurs croyances religieuses. Certains de mes amis et de mes proches vont me fuir. L'écriture de ce livre va changer ma vie - tout sera différent.

Il est possible que tes prédictions se réalisent, mais les réactions négatives à ton livre seront moins nombreuses que tu ne le penses. Alors que certaines personnes se détourneront de toi, beaucoup t'accorderont du crédit pour avoir pris la position que tu adopteras dans ton livre, même s'ils ne sont pas d'accord avec toi. Cependant, un grand groupe de lecteurs appréciera ton livre et leur vie sera enrichie par la sagesse

acquise grâce aux révélations que nous t'avons transmises. Nous t'avons choisi pour être notre messager sur Terre afin de transmettre nos vérités au plus grand nombre. La réaction de chacun face à ton livre dépend entièrement de l'individu en question, toujours autorisé à exercer son libre arbitre.

Quoi qu'il en soit, si tu préfères ne pas écrire le livre en raison des réactions négatives que tu t'attends à recevoir, je comprendrai et nous trouverons un autre humain pour transmettre notre message.

Je ne vais pas renoncer maintenant. J'apprécie les conversations que nous avons Albert et je suis honoré que tu m'aies choisi pour être ton messager. Et que fait-on maintenant ?

Assieds-toi devant ton clavier et commence à écrire. Les mots viendront naturellement avec un peu d'aide de tes amis du Monde des Esprits. Plusieurs des esprits qui t'accompagnent ont beaucoup écrit au cours de leurs propres incarnations et tu peux apprendre beaucoup d'eux. Il te suffit de t'asseoir tranquillement, d'écouter attentivement et de suivre ton cœur.

Ne te préoccupe pas trop de ce que les autres peuvent penser de toi. Si tu perds tous tes amis à cause de ton livre, nous pourrons toujours accrocher des côtelettes de porc autour de ton cou pour que des chiens viennent jouer avec toi.

T'a-t-on déjà dit d'aller en enfer?

De nombreuses fois. Mais je suis heureux d'annoncer que je n'y suis jamais allé – et que je ne reviendrai pas sur ce point.

Chapitre Quinze :
Danser sur un Timbre

Nous avons ces conversations régulièrement depuis quelques années maintenant, Albert, et tu as parfaitement répondu à toutes mes questions. J'ai beaucoup appris de toi et je suis heureux d'écrire un livre sur nos conversations, comme tu l'as demandé. Avant de finaliser mon livre, as-tu d'autres sages propos à me transmettre ?

Tout d'abord, rappelle-toi toujours que tu es une Âme éternelle. Tu existeras toujours et, quoi que tu fasses ou dises au cours de ta vie, tu retourneras toujours à la paix et au bonheur du Monde des Esprits. C'était ta décision de t'incarner sur Terre et tu as choisi les événements importants de ta vie avant de naître. Quand ton corps physique mourra, tu le laisseras derrière toi comme une coquille vide et tu passeras dans le Monde des Esprits où tu retrouveras tous ceux que tu as aimés. Personne ne te jugera ni ne te punira pour ce que tu as fait dans cette vie et tu conserveras tes souvenirs et ta personnalité de toutes tes vies antérieures. Toutes tes expériences augmenteront ta sagesse et ta conscience de toi-même en tant qu'Âme faisant partie de Dieu, le Créateur.

Il n'est pas facile de se souvenir de ces choses pendant que tu te bats avec les exigences quotidiennes de la vie. J'ai eu plusieurs de mes propres incarnations sur ta planète et je sais combien il est difficile de se rappeler qui tu es vraiment au milieu des événements de ta vie, qui sont souvent éprouvants et accablants. Tu dois t'efforcer de te remémorer ces vérités chaque jour, car elles allégeront les fardeaux de ta vie et t'inciteront à traiter les autres personnes et créatures avec plus d'amour et de compassion.

Tu devrais garder à l'esprit les mots de Shakespeare quand il a dit "Le monde entier est une scène." Il avait raison. La Terre

est comme une scène et tous les humains jouent dans une grande pièce. Ta vie est comme le premier rôle masculin dans une pièce de théâtre de Broadway ; l'acteur joue le rôle que le dramaturge lui a écrit, tout comme tu suis, en tant qu'humain incarné, le scénario que tu as préparé pour toi-même dans ton Plan d'Incarnation. L'acteur n'a aucune appréhension à jouer un rôle qui l'oblige à subir des blessures ou des épreuves car il sait qu'il ne s'agit que d'une pièce de théâtre et que, lorsqu'il quitte la scène après chaque représentation, il est de retour dans la réalité. L'acteur s'efforce de faire de son mieux pour jouer le rôle, mais il sait qu'il peut oublier son texte ou manquer des répliques. Peu importe le nombre d'erreurs qu'il commet sur scène, il sait que ce n'est pas la fin du monde et qu'il peut toujours essayer de faire mieux lors de sa prochaine représentation. Il n'éprouve aucune haine ou animosité envers les autres acteurs qui ont été cruels avec lui dans la pièce ; il comprend qu'ils suivaient le scénario et que la pièce n'est pas la "vraie vie" de toute façon.

De la même manière, tu dois essayer de te rappeler que toutes les autres personnes suivent leur propre scénario et que rien de ce qui se passe sur Terre n'est "pour de bon". Peu importe ce qui t'arrive, que ce soit la chance ou la malchance, cela ne dure pas et tu ne l'emporteras pas avec toi. À ta mort, tu retourneras dans le Monde des Esprits, où tu ne profiteras que de l'amour et du bonheur, quels que soient tes résultats durant ta vie.

Quand tu interagis avec d'autres personnes dans ta vie, tâche de te rappeler qu'il s'agit d'Âmes comme toi, qui luttent pour faire face à leur vie sans savoir d'où elles viennent ni où elles iront après leur mort. Ce sont des âmes qui jouent leur rôle dans ce grand théâtre appelé la Terre, sauf qu'elles ne savent même pas qu'elles sont dans une pièce. Ne juge pas les autres pour leurs actes, car tu ne sais pas où ils ont été ni où ils vont.

Essaye de comprendre que les personnes qui t'ont infligé des douleurs physiques ou émotionnelles, à toi ou à ta famille, ne sont pas fondamentalement mauvaises et ne méritent pas de châtiment. Il se peut qu'elles aient accepté de jouer ce rôle dans ta "pièce" à ta demande, ou peut-être sont-elles de nouvelles Âmes sur le plan Terrestre qui ne sont pas très habiles pour contrôler leurs émotions négatives. Rappelle-toi que tu as vécu sur Terre de nombreuses fois avant cette vie et que toi aussi tu as été coupable d'actes méchants et cruels. Résiste à l'envie de te venger de ceux qui te font du mal, car vous êtes tous des êtres humains connectés les uns aux autres et à Dieu ; ce que tu fais aux autres, tu te le fais aussi à toi-même. Pardonne toujours aux autres leurs offenses et ne conserve aucune rancune, car un jour vous serez tous de retour dans le Monde des Esprits où les événements de cette vie ne seront plus que de lointains souvenirs, et tu partageras à nouveau avec eux et toutes les autres Âmes un amour inconditionnel.

Si tu aperçois un insecte sur le trottoir en marchant dans la rue, ne l'écrase pas ; laisse-le vivre sa vie selon son propre scénario et reconnais qu'il est l'une des créations de Dieu. Ne maltraite pas les autres créatures vivant sur ta planète ; traite-les toutes avec dignité et respect et comprends qu'elles ont toutes leur propre place dans l'univers.

En te frayant un chemin à travers la vie, essaye de voir le visage de Dieu dans les yeux d'un sans-abri lorsque tu déposes de l'argent dans son chapeau, dans le sourire d'un petit garçon lorsqu'un chiot lui lèche le visage et dans les larmes de joie d'une jeune maman quand elle berce son nouveau-né pour la première fois. Réjouis-toi de la splendeur du soleil qui s'enfonce lentement dans l'océan, de l'éclat de la pleine lune par une nuit sans nuage et de la majesté d'un sommet de montagne enneigé dans la lumière du petit matin. Émerveille-toi devant la beauté d'un cerisier en fleurs et la grandeur d'un séquoia ancien. Ressens la joie dans ton cœur lorsque tu observes un colibri aspirant le nectar du chèvrefeuille ou un faon faisant ses premiers pas. Ressens la présence de Dieu dans toutes les personnes qui t'entourent et dans toutes les créatures, les plantes, les rochers et les océans qui existent sur ta planète. Essaye de reconnaître chaque jour de ta vie que toutes les choses sur Terre, animées ou inanimées, sont liées à tout ce qui existe dans l'univers. Toutes font partie du tout, qui est Dieu.

Écoute les conseils du Dr James Martin Peebles lorsqu'il dit que tu devrais avoir "une compréhension affectueuse que toutes les choses sont au bon endroit au bon moment, à commencer par toi-même". Comprends que tu dois d'abord t'aimer et te pardonner toi-même avant de pouvoir vraiment aimer et pardonner les autres.

Par-dessus tout, tu dois t'alléger et profiter du voyage. Ne prends pas tout avec tant de sérieux. Tu ne peux pas te tromper ou te perdre. Peu importe ce que tu fais dans cette vie, tu finiras par retourner dans le Monde des Esprits pour vivre un autre jour. Considère ta vie comme une aventure passionnante et savoure l'expérience. Garde le sourire et ris librement dès que tu en as l'occasion, car le rire apportera la joie dans ta vie et répandra la bonne humeur autour de toi.

Tu es au milieu d'une grande et belle salle de bal dont le parquet brille de mille feux grâce à la lumière du soleil qui entre par les baies vitrées. L'orchestre joue une musique irrésistible qui fait danser tout le monde dans la joie. Pourtant, trop souvent, tu es resté sur place, dansant comme si tu portais des fers et une camisole de force.

Libère-toi de tes chaînes. Arrête de danser sur un timbre. Laisse-toi virevolter dans toute la salle de bal. Sens le rythme de la musique qui résonne dans ton corps. Laisse tes pieds glisser, tes bras bouger et ton corps se balancer au rythme de la musique. Tu es venu ici pour découvrir cette salle de bal, alors apprends à la connaître. Danse comme si personne ne regardait et laisse ton cœur chanter avec la joie d'être en vie. Lorsque la musique s'arrêtera, tu quitteras cette salle de bal pour découvrir ta prochaine aventure. Profite de ton voyage.

Concernant l'auteur

Garnet Schulhauser a pratiqué le droit des entreprises dans deux grands cabinets à Calgary au Canada pendant 34 ans, avant de prendre sa retraite sur l'île Vancouver en 2008, où il vit aujourd'hui avec sa femme, Cathy, et sa chienne, Abby. Il a grandi dans une petite ferme dans la province de Saskatchewan au Canada et a fait ses études de droit à Saskatoon avant de déménager à Calgary pour débuter sa carrière. Bien qu'il n'ait pas commencé à écrire avant sa retraite, il s'implique avec passion dans sa nouvelle activité. Pendant son temps libre, il pratique le golf, le kayak et apprécie les longues promenades en forêt avec sa chienne. Il apprécie particulièrement les réunions de famille avec ses deux fils, Blake (et sa femme, Lauren) et Colin et il espère ardemment devenir un jour grand-père.

La vie de Garnet a basculé un jour de 2007 quand il fit la rencontre dans la rue d'un sans-abri, nommé Albert. Les années suivantes, il eut de nombreuses conversations avec Albert (qui s'avérait être un guide spirituel) qui lui a révélé d'étonnantes vérités sur la vie, la mort, l'après-vie et Dieu. Albert a fourni des réponses à toutes les questions fondamentales sur qui nous sommes, le but de notre existence sur

Terre et ce qui se produit à notre mort. Les révélations d'Albert ont été inspirantes, encourageantes et réconfortantes et ont fait volé en éclat presque tout ce que les hommes d'églises prêchent depuis des siècles. Il a écrit Danser Sur Un Timbre à la demande d'Albert afin de rendre ces révélations accessibles à tous.

Other Books by Ozark Mountain Publishing, Inc.

Dolores Cannon
A Soul Remembers Hiroshima
Between Death and Life
Conversations with Nostradamus,
    Volume I, II, III
The Convoluted Universe -Book One,
    Two, Three, Four, Five
The Custodians
Five Lives Remembered
Horns of the Goddess
Jesus and the Essenes
Keepers of the Garden
Legacy from the Stars
The Legend of Starcrash
The Search for Hidden Sacred
    Knowledge
They Walked with Jesus
The Three Waves of Volunteers and the
    New Earth
A Very Special Friend
Aron Abrahamsen
Holiday in Heaven
James Ream Adams
Little Steps
Justine Alessi & M. E. McMillan
Rebirth of the Oracle
Kathryn Andries
Time: The Second Secret
Will Alexander
Call Me Jonah
Cat Baldwin
Divine Gifts of Healing
The Forgiveness Workshop
Penny Barron
The Oracle of UR
P.E. Berg & Amanda Hemmingsen
The Birthmark Scar
Dan Bird
Finding Your Way in the Spiritual Age
Waking Up in the Spiritual Age
Julia Cannon
Soul Speak – The Language of Your
    Body
Jack Cauley
Journey for Life
Ronald Chapman
Seeing True
Jack Churchward
Lifting the Veil on the Lost
    Continent of Mu

The Stone Tablets of Mu
Carolyn Greer Daly
Opening to Fullness of Spirit
Patrick De Haan
The Alien Handbook
Paulinne Delcour-Min
Divine Fire
Holly Ice
Spiritual Gold
Anthony DeNino
The Power of Giving and Gratitude
Joanne DiMaggio
Edgar Cayce and the Unfulfilled
    Destiny of Thomas Jefferson
    Reborn
Paul Fisher
Like a River to the Sea
Anita Holmes
Twidders
Aaron Hoopes
Reconnecting to the Earth
Edin Huskovic
God is a Woman
Patricia Irvine
In Light and In Shade
Kevin Killen
Ghosts and Me
Susan Linville
Blessings from Agnes
Donna Lynn
From Fear to Love
Curt Melliger
Heaven Here on Earth
Where the Weeds Grow
Henry Michaelson
And Jesus Said – A Conversation
Andy Myers
Not Your Average Angel Book
Holly Nadler
The Hobo Diaries
Guy Needler
The Anne Dialogues
Avoiding Karma
Beyond the Source – Book 1, Book 2
The Curators
The History of God
The OM
The Origin Speaks

For more information about any of the above titles, soon to be released titles,
or other items in our catalog, write, phone or visit our website:
PO Box 754, Huntsville, AR 72740|479-738-2348/800-935-0045|www.ozarkmt.com

Other Books by Ozark Mountain Publishing, Inc.

Psycho Spiritual Healing
James Nussbaumer
And Then I Knew My Abundance
Each of You
Living Your Dram, Not Someone Else's
The Master of Everything
Mastering Your Own Spiritual Freedom
Sherry O'Brian
Peaks and Valley's
Gabrielle Orr
Akashic Records: One True Love
Let Miracles Happen
Nikki Pattillo
Children of the Stars
A Golden Compass
Victoria Pendragon
Being In A Body
Sleep Magic
The Sleeping Phoenix
Alexander Quinn
Starseeds What's It All About
Debra Rayburn
Let's Get Natural with Herbs
Charmian Redwood
A New Earth Rising
Coming Home to Lemuria
Richard Rowe
Exploring the Divine Library
Imagining the Unimaginable
Garnet Schulhauser
Dance of Eternal Rapture
Dance of Heavenly Bliss
Dancing Forever with Spirit
Dancing on a Stamp
Dancing with Angels in Heaven
Annie Stillwater Gray
The Dawn Book
Education of a Guardian Angel
Joys of a Guardian Angel
Work of a Guardian Angel
Manuella Stoerzer
Headless Chicken

Blair Styra
Don't Change the Channel
Who Catharted
Natalie Sudman
Application of Impossible Things
L.R. Sumpter
Judy's Story
The Old is New
We Are the Creators
Artur Tradevosyan
Croton
Croton II
Jim Thomas
Tales from the Trance
Jolene and Jason Tierney
A Quest of Transcendence
Paul Travers
Dancing with the Mountains
Nicholas Vesey
Living the Life-Force
Dennis Wheatley/ Maria Wheatley
The Essential Dowsing Guide
Maria Wheatley
Druidic Soul Star Astrology
Sherry Wilde
The Forgotten Promise
Lyn Willmott
A Small Book of Comfort
Beyond all Boundaries Book 1
Beyond all Boundaries Book 2
Beyond all Boundaries Book 3
D. Arthur Wilson
You Selfish Bastard
Stuart Wilson & Joanna Prentis
Atlantis and the New Consciousness
Beyond Limitations
The Essenes -Children of the Light
The Magdalene Version
Power of the Magdalene
Sally Wolf
Life of a Military Psychologist

For more information about any of the above titles, soon to be released titles,
or other items in our catalog, write, phone or visit our website:
PO Box 754, Huntsville, AR 72740|479-738-2348/800-935-0045|www.ozarkmt.com